从零开始学习
互联网运营管理

陆 沉◎主编

化学工业出版社

·北京·

没有优秀的运营，就没有优秀的互联网产品，更没有优秀的互联网企业。运营在一定程度上决定了互联网企业的走向，甚至是互联网产品的成败。而互联网运营，仅有知识是不够的，还需要有系统的运营思路。

本书全面探讨互联网运营的重点环节，包括产品运营、内容运营、活动运营、用户运营、数据分析、风险控制以及运营团队的搭建、运营新人的成长等内容，几乎涵盖了互联网运营的全部环节。本书操作步骤具体翔实，并且结合作者的实际操作经验，将运营各个环节的本质清晰透彻地展现给读者，理论与实战经验充分结合，尽可能向读者展示一个真实的运营核心。

本书以解决实际问题为诉求，环环相扣，不仅可以帮助那些不知如何运营的互联网从业者排疑解惑，为那些徘徊在互联网行业大门外的年轻人指明方向，也可以为运营团队负责人提供一些参考。

图书在版编目（CIP）数据

从零开始学习互联网运营管理/陆沉主编. —北京：化学工业出版社，2018. 6

ISBN 978-7-122-31978-4

Ⅰ. ①从… Ⅱ. ①陆… Ⅲ. ①互联网络-应用-企业管理-运营管理 Ⅳ. ①F273-39

中国版本图书馆 CIP 数据核字（2018）第 077802 号

责任编辑：要利娜　李军亮　　　　文字编辑：李　曦
责任校对：王　静　　　　　　　　装帧设计：韩　飞

出版发行：化学工业出版社（北京市东城区青年湖南街 13 号　邮政编码 100011）
印　　装：三河市延风印装有限公司
710mm×1000mm　1/16　印张 12¼　字数 191 千字
2018 年 9 月北京第 1 版第 1 次印刷

购书咨询：010-64518888（传真：010-64519686）　售后服务：010-64518899
网　　址：http://www.cip.com.cn
凡购买本书，如有缺损质量问题，本社销售中心负责调换。

定　　价：48.00 元

前言

随着“互联网+”时代的到来，互联网企业风起云涌，新产品、新技术不断涌现，而在企业中，运营部门和运营人员的地位开始从过去的“杂牌军”发展为现在的“中流砥柱”，好产品因为坏运营而逐渐失去活力，平庸的产品被好运营做大做强的例子比比皆是。

相比过去人们对“运营”认识的模糊和局限，进入2010年以后，运营的重要性已经引起了越来越多的从业人士的关注，从某种意义上讲，运营成为互联网行业主导性职业的时代正在逐步开启，遗憾的是，对于运营的知识体系、工作方法等还缺少科学的总结。特别是那些从零开始学习互联网运营的新手们，他们更需要成熟的方法论作为指引。

本书从互联网运营的重点环节谈起，包括产品运营、内容运营、活动运营、用户运营、数据分析、风险控制以及运营团队的搭建、运营新人的成长等内容，几乎涵盖了互联网运营的全部环节。本书力求将运营各个环节的本质透彻展现给读者，理论与实战经验充分结合，尽可能向读者展示一个真实的运营核心。

为了方便读者理解，采用了平实的语言，深入浅出的写法，将互联网运营前辈的观点融入其中，力求带给读者最有价值的知识点，同时尽量减少读者学习的困难。为了提供直观的参照物，书中还选用了工作中遇到的一些真实案例和互联网行业近年来出现的有代表性的产品案例，结合具体的分析和讲解，以启发读者的灵感。

本书不仅适合从零开始准备进入运营岗位的初学者阅读，也可给予在实际运营工作中遇到困难的运营者一些有益的参考。

本书由陆沉主编，参与编写的还有周婷、于富荣、于富强、王春霞、于福莲、王勇强、曹烈英、于国锋、刘丽、吴学刚、陈文琴、李波、胡丰、马彦龙、徐婧雅等人。

在编写本书的过程中，得到了很多运营前辈、同事的帮助，在此表示真诚的感谢。 由于水平所限，书中难免存在着不足和疏漏之处，欢迎广大读者批评指正。

编者

2018.7

目 录

第一章 好产品是运营出来的

运营是产品成功的要素之一，好的运营可以提升产品的知名度，积累起可观的客户群，让产品发展少走弯路，实现产品、渠道、用户三者间良好的循环。

聚焦核心需求，少即是多

“产品”和“运营”，就好像是一台电脑上的硬件和软件，二者缺一不可。 有潜力的产品能够为运营提供良好的发挥余地，而成功的运营则会让产品锦上添花，实现理想的商业效益。

在产品运营的过程中，对于用户需求的把握尤为重要，也可以说这是产品运营的“起点”。 抓住了用户的核心需求，不仅能够改进产品的体验和质量，让产品有更多的提升空间，还能够促进产品更新换代，甚至拓展出新的方向，同时给运营带来更多的资源。

在产品的研发期，产品运营首先就要清楚产品的定位以及目标用户，并注意收集用户的行为数据及各种相关信息，与产品经理一起研究如何对产品进行更好的优化。 在产品的成长、成熟期，产品运营则要注意做好渠道的管理和市场监控工作，要及时了解推广渠道的用户数据与用户质量，监控产品行业的发展动态，及时调整渠道和市场策略。 当产品出现衰退的迹象时，产品运营则要协助产品经理进行产品调研，提供用户需求反馈，对用户行为进行细致的分析，并提出合理的产品改进建议。 另外，产品运营还应当针对用户需求为产品策划相应的线上、线下的推广活动，以达到活跃用户使用的目的。

总之，一个产品从无到有的全过程都离不开运营的参与，通过运营，产品能够更好地满足用户的需求，特别是核心需求，也能保证产品拥有旺盛而长久的生命力。 以 Keep 健身产品为例：

2015年2月上线的一款名叫Keep的健身类APP仅用了3个月的时间，用户数就达到了200万，到2015年9月，Keep的用户数已经突破600万。这款APP的诞生要归功于创始人王宁偶然的一个创意，当时王宁想在互联网上搜集一些健身资料，可是却没有找到系统性、客观性传播健身知识的网站，这让他萌生了打造一款相对专业的健身APP来为人们答疑解惑的想法。

在通过对用户的需求进行充分调研后，最初的Keep应运而生。它是一款能够帮助用户利用碎片化时间，随时随地完成运动的APP。而且Keep能够满足不同运动基础的用户需求，为他们设计出各种难度的标准课程。最值得称道的是，在每个训练课程结束当天，用户还可以通过APP自带的“打卡”功能进行记录、分享，并与其他用户互动，在社区化的氛围下完成锻炼身体、塑形减肥等各种训练，能够提高锻炼的兴趣，促使用户坚持下去并产生明显的减肥、塑形等效果。

在产品上线前，王宁组织了十人左右的团队，通过微博、微信、QQ、百度贴吧等渠道招募内测人员。通过内测，Keep赢得了第一批约4000名忠诚的用户，他们不仅热衷于健身，还非常愿意尝试新事物，并且乐于把自己喜欢的产品传递给周围的人。这些内测人员对产品的包容度很强，还能够不断提出一些宝贵的意见和建议，通过他们的反馈，Keep在正式上线时，已经成为比较稳定和完善的新版本。

除了开展内测活动外，Keep的运营团队还在豆瓣社区的减肥小组，百度贴吧，与减肥、塑型、健身相关的贴吧中发布内容丰富、科学、有趣的帖子，并不断进行维护和推广，这些做法也取得了理想的效果。到Keep正式上线后，帖子的点击率、回复率都出现了暴涨，Keep也成为互联网上热议一时的话题。而Keep的微信号也已经拥有了几十万粉丝，其中的一些话题有超过百万的阅读量。Keep APP界面如图1-1所示。

Keep之所以能够成功，就是因为产品设计、开发、测试、上线运营的整个过程都能够紧紧把握住用户核心需求，保证产品方向的正确性。用户需要一款方便易用、专注健身的移动应用APP，这就是Keep诞生的初衷，而Keep的产品运营则做好了聆听内测用户意见，逐步深入挖掘用户核心需求的工作，使产品得到不断优化和完善，再将它推荐给目标用户，并鼓励他们分享和推荐给更多的用户，从而实现了产品的一炮而红。

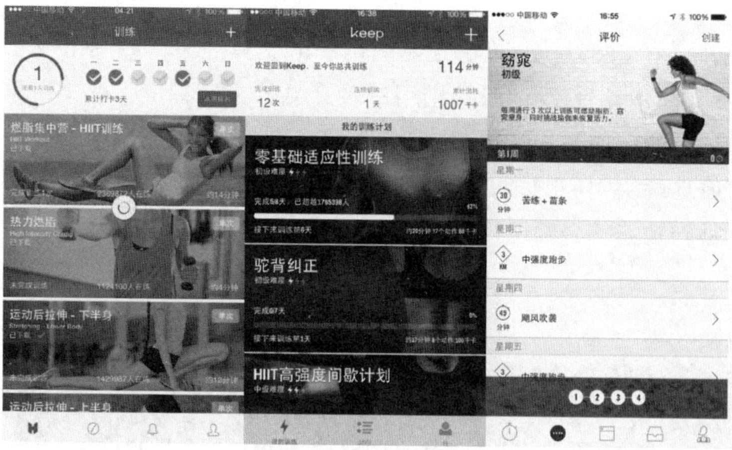

图 1-1　Keep APP 界面

那么，作为产品运营应该如何找到顾客的核心需求呢？ 常用的需求采集方法有以下几种。

1. 用户访谈

与用户访谈是运营了解用户需求最直接的方式，这其中又可以分为深度单人访谈以及多人焦点小组访谈两种形式。 单人访谈时可以选择少量有代表性的“种子用户”，详细深入地了解其对产品的使用行为、体验、意见等信息，并由此找出产品目前存在的问题以及亟待改进的“痛点”。

焦点小组访谈适用于时间要求紧急或用户不太接受深度单人访谈的情况，可以一次性收集到 8~12 名用户的需求反馈信息，不过也因为群体的压力，用户容易出现明显的趋同行为而导致信息不够客观。 因此采用这种方法时要谨慎选择用户，每次每组用户的学历、收入、社会阶层等背景情况应尽量保持一致，以免阻碍信息的表达和交流。

2. 运营数据分析

产品运营需要时刻关注各项数据［包括浏览次数（PV）、独立访客（UV）、用户浏览轨迹、转化率等］的变化，从而更加准确地定位用户的核心需求，并对产品进行不断改进。 比如，一款支持在线订票的产品中订单数量很多，但最终完成支付的却很少。 这就需要运营仔细梳理用户下订单之后的各个功能点，找到用户流失的关键，如注册账号程序过于繁琐、支付方式单一等都可能让用户失去耐心而离开。 运营者需要找到这些原因，然后从产品角度考虑进行功能优化，以提高用户转化率。

另外，留存曲线也是产品运营时常用的工具之一，如图 1-2 所示。留存曲线能够非常直观地反映出用户对产品的喜好程度，如果一种新功能上线后，留存曲线却出现明显的下降趋势，就说明产品的新功能并未能够很好地解决用户的核心需求问题，导致用户持续使用的兴趣不高，那么这种新功能的必要性也会打上问号。

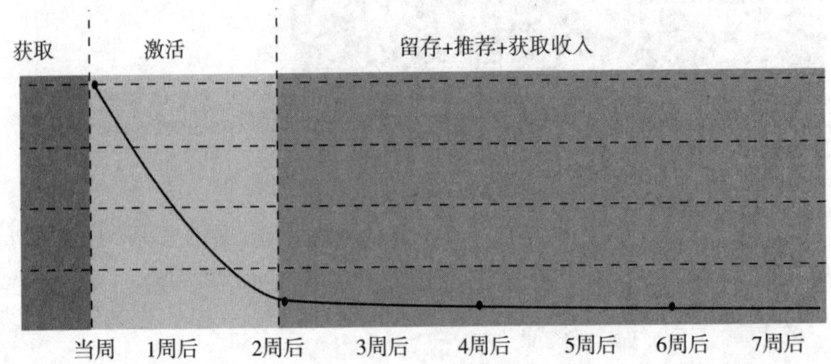

图 1-2　留存曲线示例

3. 问卷调查

问卷调查能够帮助产品运营了解用户的需求，在产品立项或有重大功能迭代前，都可以进行问卷调查，辅助产品的决策；而在产品正式上线后，则可以用来收集用户的反馈。 这种调查由运营来完成，是因为运营不仅了解产品，也更了解用户，在提问时能够把握到用户的“痛点”，知道什么样的问题对分析产品的未来更有帮助。

运营者在设计问卷前，先对有代表性的用户做一些访问，拟定初稿后再经过修改成为正式的问卷。 一般调查问卷中的问题力求简洁、具体、易于理解，并且每个题目只涉及一个问题，同时问题应真实、有效，不要使用对用户产生诱导性的词语。 在问卷回收后，运营者应当及时将收集到的用户需求数据和对产品的建议整理分析后制成报告，如果能够与用户访谈相结合收集到的信息会更有参考价值。

4. 竞品分析

所谓竞品分析就是将自己的产品与市场上成功的、有竞争性的产品的功能、设计特点进行对比，从中找出用户需求的关注点，再“移花接木”到自己的产品之上。 对于从零开始学习运营的新人来说，通过竞品分析，可以快速熟悉行业特点和市场趋势，找到今后工作的灵感。而有经验的运营老手也可以依靠竞品分析找到工作优化的方向。至于竞品的选择，不仅要考虑到市场中方向目标、客户群体、用户需求相似甚至一致的直接竞争者，还要考虑到同行业一些资本雄厚的公司、团队等潜在竞争者。

本节案例中的 Keep 就可以与火辣健身、Nike 等有竞争性的产品进行对比，从产品定位、战略规划、运营推广等角度进行多维度分析，找到竞品的优势之后为我所用。如 Keep 与 Nike 相比高质量内容还不多，今后可以考虑引入健身教练、训练达人等专业人士为用户答疑解惑，而这部分人群最容易生产高质量的内容。

当然，完成了需求采集的工作之后，并不意味着任务结束，想要运营出最能命中用户“痛点”的产品，就还需要对大量的需求信息进行分析和评估，从中去粗取精、去伪存真，找到必须满足的核心需求以及可以适当满足的一般性的需求，而对于那些非必要的需求则不用浪费时间、精力多做打算。也就是说，满足需求不需要面面俱到，只需要聚焦在最有价值的核心需求上，这种“少就是多”的思想是做好产品、留住用户的基本原则，也是产品运营中需要把握的关键。

不要过度设计，考虑普适性

产品运营贯穿产品周期的全程，在产品设计时自然也不例外。产品设计主要回答用户“这是什么？有什么功能？”之类的问题，而产品运营则通过像用户征询“这款产品怎么样？你喜欢它吗”这类问题来制订产品的发展方向和推广路线。

可以说，二者的工作是有一定的重合性，虽然说产品运营在工作内容上更关注产品上线后的进展，但在产品设计时对产品的了解不到位，将会对之后的工作造成较大的阻碍。因此，在产品设计时，运营应当协助产品经理、研发工程师一同进行市场调研，确定并验证产品的核心功能、交互流程、视觉界面、适用范围、开发测试、发展方向等，这其中非常重要的一点是要结合用户的普遍需求，避免进行产品的过度设计。

一般产品设计时经常出现脱离用户核心需求，不能较好支持主线任务，不顾上下文环境滥用控件的问题，设计人员也常常从自身视觉感受出发，导致产品风格复杂化、烦琐化，过多无关紧要的细节降低了用户的使用体验。凡此种种问题，都是需要运营去进行控制和引导改进的。通过运营，可以看到用户的反馈，用收集到的信息尽早验证出产品设计是否具有可用性和易用性，从而对产品框架、结构、业务流程等方面的设计进行改进。

QQ 邮箱是腾讯公司比较成功的产品之一，旨在向用户提供安全、稳定、快速、方便的电子邮件服务。因为有着天然的 QQ 入口优势，再加上 QQ 软件多年累积的口碑，因此赢得了大批用户，其中绝大多数是 QQ 用户，特别是年轻用户居多，目前 QQ 邮箱用户数已经达到 8.9 亿人，有数据显示月活跃用户已经超过 1.3 亿人。

为了满足广大用户的普遍需求，QQ 邮箱在设计上特别注重普适性，虽然它的功能非常丰富，但是界面表现上却不复杂。主推的功能与其他功能能够做到主次分明，文字与图标搭配协调，默认皮肤主要是蓝色和白色，能够产生清新、朴素、简约的感觉。邮箱（见图 1-3）页面左边的导航栏以合理的顺序排放各种功能，并用框架线将重要功能与文件夹列表分割开来，同时“写信”“收信”“通讯录”等功能还采用了图标+文字的设计，使其更加突出，能够吸引用户的注意并引导操作。点击“写信”链接进入发送邮件页面，如图 1-4 所示，整个页面极其简化，“收件人”“主题”“正文”三个区域能够让用户一目了然，即使是新用户也非常容易上手使用。另外，QQ 邮箱的其他功能如漂流瓶、贺卡等功能也可以轻松地从导航栏中找到，而且简化的设计不会让用户产生喧宾夺主的感觉。

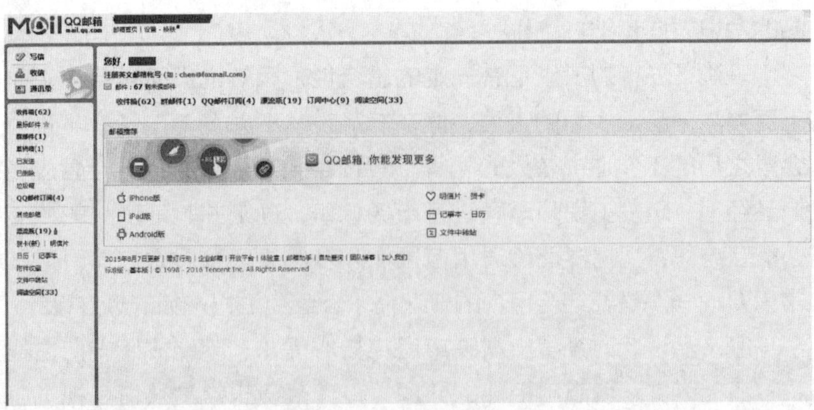

图 1-3　QQ 邮箱产品界面

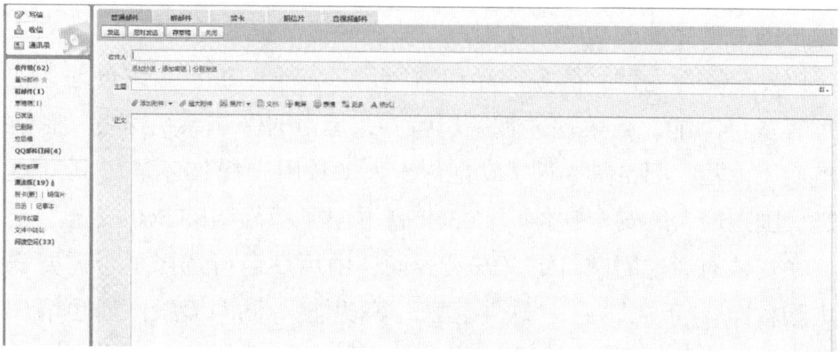

图 1-4　QQ 邮箱“写信”页面

与 QQ 邮箱相比，收费电子邮箱 OUTLOOK 虽然功能更加强大、安全，但是安装却比较烦琐，而且界面复杂，用户初次使用的体验往往很差，并且视觉设计感不是很强，无法带给用户美观、简洁的视觉体验。另一款使用量较大的免费邮箱——新浪邮箱也具有同样的问题，界面信息量更大，标签更多，常常会让不熟悉的用户在使用时产生困惑，同时三屏的显示效果也会给用户带来臃肿、烦琐的感觉。

QQ 邮箱在产品设计上之所以能够表现出超越其他竞争性产品的优势，与其卓越的产品运营是分不开的。在邮箱开发设计过程中，腾讯公司的运营团队不仅通过访问用户收集反馈来确定产品的开发方向，还要求公司内部从上到下坚持试用这款产品。在使用过程中找到哪些是必要的设计，哪些是过度的设计，并联合产品经理进行不断的调试和修改，直到产品基本成型。为了多方采集反馈信息，产品运营还通过各种论坛、博客、RSS 订阅查询、搜索信息，或主动与用户接触，以解决影响用户使用体验的问题。

正是通过这种产品与运营有效结合的做法，才形成了最终这款符合用户使用习惯、满足用户普遍要求的 QQ 邮箱产品。那么，什么样的设计才能够像 QQ 邮箱这样摆脱过度设计的问题，满足用户的普遍需求呢？

1. 功能呈现更加直接

所谓“直接”就是要简洁、明了，剔除掉界面中非必要的功能、信息元素，使用户在产品使用时能够做到一目了然，同时可以为用户节省操作步骤和等待时间，让操作流程更加优化，如果可能的话，还可以提供更多的一键处理的功能，让用户在使用时感觉更加舒适。

以安全软件为例，很多产品通常集合了安全防护、系统管理、软件管理等多种功能，结果软件越来越臃肿，运行时影响系统速度，影响用户的使用体验，而且其中很多功能对于大多数用户并非必需。针对这个问题，国内最大的安全软件厂商 360 就推出了精简版的 360 安全卫士产品，在安装时通过用户自定义安装界面，由用户自行选择是否需要安装“电脑救援”“手机助手”“软件管家”等功能。同时设置中心也增加了功能定制的服务，用户可以随时增加或删除某些功能，相应的操作界面也变得更加简洁，“查杀修复”“电脑清理”“优化加速”这几项功能以图标+文字的形式清楚地呈现在用户面前，如图 1-5 所示，在化繁为简的同时也让用户感觉更加方便、易用。

图 1-5　360 安全卫士产品界面

2. 功能引导更加清晰明确

如果产品在使用过程中需要进行多步骤操作，那么在功能引导时应当明确告知用户当前的操作状态，并说清楚下一步的操作建议，以免引起用户的焦虑和烦躁，也能够避免用户提早放弃使用此产品，并有助于提升后续的使用量。

例如，腾讯推出的免费安全软件 QQ 电脑管家在使用“清除痕迹”

功能后，右下角并有加亮的选项按钮“开始扫描”，扫描完成后会列出使用痕迹，并有清晰明了的提示语“扫描完成，发现 ××× 条使用痕迹，建议您立即清除”，这就对用户形成了清晰明确的引导，并且给出了具体的操作建议，提示用户点击“立即清理”按钮就可以完成清除痕迹的任务，整个过程流畅、高效，能够让客户产生比较理想的使用体验。

3. 实时反馈更加逼真、贴心

实时反馈能够带给用户真实的使用感受，并且可以让用户清楚地了解当前的操作状态，有助于提升用户的细节体验。

以微信的一些设计为例，当用户的手指按在“按住说话”按钮进行录音时，上方会出现话筒图标，并有跟随音量变化而跳动的刻度指示，这些都能明确地告诉用户当前正在进行正常录音，松开手指后就有绿色的语音信息就会成功发送出去。如果“按住说话”的时间不足 1 秒，上方就会出现感叹号图标+“说话时间太短”的文字提示，能够清楚地告知用户问题所在。这些细节化的设计都能够让用户在第一时间获得反馈信息，并能够让用户对产品产生强烈的好感。

4. 视觉效果更加轻盈化

运行流畅、不会出现卡顿现象是用户对互联网产品的基本要求，为了满足用户的这种心理，在设计时有必要将产品打造为轻薄、简约、一体化的风格，会让用户感觉更加轻松。

例如，QQ 影音为了满足用户希望软件更加轻盈的心理预期，就将色彩风格定位为轻薄的半透明风格，看上去小巧玲珑，但实际上用户需要的各种播放、加载字幕、转码、截图等功能却是一个不少，而且没有广告的打搅，如图 1-6 所示，因而这款产品也是特别深入人心，受到了大量用户的好评。

综上所述，运营在控制和引导产品设计时，还是应当遵循从用户实际需要出发的原则，尽量精简产品设计，多做减法运算，去掉多余、作用不大的功能和栏目，同时保留有特色、有价值的功能，并做好产品外观的美化，这样设计出的产品才能避免因过度设计而走上歧途的命运。

图 1-6 QQ 影音产品界面

以明确、清晰的目标为导向

对于产品运营来说，在产品上线前，除了要了解市场情况、确定产品设计方向、核心功能及特性外，还应当明确运营的目标。因为运营与 KPI（Key Performance Indicator，关键绩效指标）是分不开的，运营的每一步都应当有明确的 KPI 作为导向，产品运营也应当如此。有了明确的运营目标，与运营相关的规划也就能够做到有的放矢，而不是仅仅凭感觉行事。

例如，在规定的限期如一个月内，访客数要上升到多少人，新增用户要达到多少人，转化率要上升到百分之多少等，每一个目标都应当是具体并可实现的，让运营有更精确的目标导向。如果是从零开始做运营的新手，这种目标可以在部门领导的帮助下设定，以避免目标偏离实际，出现虚高或虚低的问题。

阿里巴巴集团是一家非常典型的以 KPI 为导向的公司，产品运营的 KPI 指标主要是产品的用户数和活跃度，其中活跃度包括日活跃、周活跃、月活跃用户数。阿里巴巴集团推出了一款针对在淘宝天猫开店的商家提供推广服务的应用，为了提升用户数，产品运营通过线上、线下两个渠道大力拉新。线上的渠道包括商家每天登录店铺操作后台以及淘宝论坛、服务市场等，在这些渠道上投放广告能够吸引不少目标用户。而线下则会组织一些面向商家的培训、座谈会等，在培训中除了介绍产品的功能外，还会用实用的案例与商家进行沟通交流，引起了广大商家的共鸣，吸引他们来使用这款产品。

提升用户活跃度则主要通过多做商家调研来解决，产品运营在调研中发现，很多天猫淘宝店铺的商家对于经营还没有形成系统的认识，也不会分析数据来找出经营中存在的问题。虽然这款产品中提供的丰富数据但商家因为看不懂而不感兴趣，导致活跃度不高。针对这种问题，产品运营尝试将产品中的每一类数据与店铺经营的实际案例相结合，组织了部分有代表性的商家分享、学习，总结出经验，再通过淘宝论坛、推送消息等方式传递给更多的商家，商家按照案例的指导，发现店铺经营确有改善，对这款产品的信心大大提升，每天都会花精力来研究数据，并研究如何更好地应用，使用户活跃度的目标得以实现。

阿里巴巴集团的产品运营就是一种以目标为导向的产品运营，通过明确的目标来制定运营的规划，在实际执行的过程中发现问题，思考提升目标完成的方法。 如果目标无法达成，是目标本身设置有误，还是产品存在功能和设计上的问题，这些都是产品运营需要去思考和判别的问题。 只要紧盯目标，努力完成并验证其合理性，最终就能找到最有效的目标达成方法。

常见的产品运营目标有用户数、活跃用户数、用户留存率、网站停留时间、单一模块使用率、用户留存率、总营收转化、每用户平均收入等，而之后所有的活动运营、内容运营等都可以视为从总目标中拆解出来的细分目标，追求的是某一项具体数值的短期提升。

1. 用户数

用户数也叫用户量，指的是产品的具体用户数量，能够直观反映产品拥有的市场份额，可以借以判断产品的价值。 这其中又可以细分为注册用户数、在线用户数、并发用户数。 通常所说的用户数，如果未做明确说明，指的就是注册用户数；而注册的用户不一定总能在线使用产品，因此在线用户数就是注册用户数减去离线用户数后的数量；并发用户数指的是与服务器进行了交互的在线用户数，只要用户的操作对服务器产生了影响，就可以计入并发用户数。

对于产品运营来说，提升注册用户数是一项重要的目标，但并非全部，如果只注重用户数增长，不提升活跃度等目标，就会陷入盲目追求用户数的死胡同，产品出现短期的虚假繁荣后很快就会走向衰竭。

2. 活跃用户数

活跃用户是不时地使用产品并带来一些价值的用户，而彻底脱离产品的那部分用户则是“流失用户”。活跃用户又可以分为日活跃用户（DAU）、周活跃用户（WAU）、月活跃用户（MAU）。一个全新的产品新增用户占活跃用户的比例较大，随着产品生命周期的成熟，拥有较高比例的老活跃用户，说明产品正在健康成长。反之，如果老活跃用户数量长久不能增长，或者开始下降，就应当从最新的产品版本中寻找问题，并与用户需求相对比，找出有什么较大改动引起用户使用上的不便等。

目前有些产品的活跃用户数计算方法还比较粗糙，有时用户误点应用然后迅速退出也被计算为日活跃数，这样产生的活跃数看似很大，但却缺乏实际意义，因此还需要与留存率、转换率等结合起来进行综合分析。

3. 用户留存率

经过一段时间后仍然继续使用产品的用户就是“留存用户”，这部分用户占当时新增用户的比例即为“用户留存率”。用户留存率能够通过不同时期用户流失的情况反映出产品的质量和保留用户的能力。

用户留存率可以细化为次日留存率、第 3 日留存率、第 7 日留存率、第 30 日留存率。其中次日留存率可以反映出产品对新用户的引导设计、转化路径等是否合理，一般这个数字达到 40% 就说明产品比较优秀；同理，借助第 3 日留存率的数字可以进一步看出这款产品是否受到用户欢迎；第 7 日留存率反映出用户经过一个完整的使用周期后的体验结果，经过这个阶段仍然坚持使用产品的用户有很大可能成为产品的忠实用户；第 30 日留存率能够反映出用户在较长时间内对产品的使用感受，特别是产品版本更新后对用户的影响就可以在这个数据中获得。产品运营对于留存率这类指标是需要长期持续跟踪的，且要与版本更新、推广等诸多因素结合起来分析，才能找到用户体验的最佳周期，并顺势制定相应的策略提升用户留存率。

4. 每用户平均收入

对于含有消费功能的产品来说，无论运营如何拉新、留存、促活，最终决定产品质量的根本目标还是每用户平均收入（ARPU）。这个目标可以通过总收入/活跃用户数计算得出，一般常用月收入/月活跃付费用户数的计算方法，它不仅能够衡量产品的盈利能力，也可以反映产品是否具备发展活力。

产品运营所做的各项工作都应当以做好 ARPU 为原则，如果花费了大量资源在某渠道进行推广，但引来的用户却不能够使 ARPU 升高，甚至使得 ARPU 降低，或者 ARPU 升高但成本也明显上升，就应当果断改变策略，大量引入付费用户，因为只有达到 ARPU 目标的用户才是产品最终的目标用户和核心用户，资源应当集中使用到这部分用户身上。

除了以上这些需要明确的目标之外，产品运营还要考虑的目标有用户停留时间、重复使用率、功能使用量等，这些目标不能割裂开来，而应是一个完整的目标体系。比如，工具型产品虽然可以将总安装用户数作为首要目标，但也要注意衡量日活跃用户数，否则安装总量虽高，但用户却未再次使用这款产品，产品的生命也会受到影响；同样，电子商务类产品需要核算 ARPU 值，但也要考虑新用户的获取成本以及重复消费率，如此才能及时发现问题，并不断提升用户留存率和活跃度，召回沉默用户，为产品带来生机。

确定具体而合理的运营计划

产品运营能够顺利进行，离不开具体而合理的运营计划或运营方案，它能够保证运营可以有条理、有计划地进行。在运营目标明确之后，就可以着手进行运营计划的撰写。通过计划的认真落实，产品运营才能达到预期的效果。

运营计划可以分为近期计划、中期计划和长期计划。近期计划主要针对 1 个月到半年之内的产品运营规划设计，可以用于观察运营的短期效果；中期计划则将时间范围扩大到半年到 3 年的期限，用于观察运营的中期效果；长期计划需要与公司的长期战略目标相结合来具体制订。

根据不同的目的和不同的阶段，运营计划会有各种不同的内容，但大体的框架不外乎以下几点。

（1）产品描述　产品描述包括产品的现状、产品的定位、目标人群，主要市场及未来对功能需求方面的改进等。如一款名叫《幸福online》的网络游戏特点是Q版3D游戏，强调画面唯美、卡通风格和自由的技术控制。目标人群定位为13~30岁热爱卡通类型游戏的玩家，主力市场在沿海、华东、华南等经济发达地区。

（2）运营目标　明确该计划在规定的时限内主要解决什么问题：上节中讨论的提升注册用户数、活跃用户数、用户留存率、每用户平均收入等，具体的数据指标可以根据实际的情况来制订。《幸福online》的产品运营目标就涉及高峰在线量、平均在线、注册数、下载数、网站访问总人数、日在线总人数、合计时长（min）、平均时长（min）、日开卡数（各种游戏计费卡的）等数据。

（3）具体计划　具体计划是运营计划的主体部分，包括了产品运营的关键时间点、进程表以及各阶段的重点工作。《幸福online》的运营计划分为准备阶段、内测阶段、公测阶段、收费阶段，每个阶段都有各种具体的工作，而且时点划分非常精确，像内部封闭测试到上海游戏服务器安装的计划时长为15天，但是也考虑到了签约延迟的可能，增加了5天的允许延期时间。整个计划每一步骤都清楚明了，在具体操作时能够做到有条有理。

（4）运营资源　运营资源主要指的是运营渠道、方式等，包括选用哪些渠道或哪些方式进行产品推广，以及可能取得的效果和费用预算等。《幸福online》计划通过媒体宣传推广，包括有新浪游戏、网易游戏、腾讯游戏、太平洋游戏网等20多家游戏网站，以及猫扑、天涯、西祠等综合性论坛的游戏专区，《家用电脑与游戏》《数码时代》《软件世界》等10余家平面媒体等。预计：准备及内测期间投资预算200万元，公测期间投资预算750万元，收费后的投资预算400万元。

（5）系统支撑　要实施运营策略，必然需要一定的技术工具或系统支撑，这些也需要在计划中体现。以《幸福online》为例，内测期间需要在北京和上海架设两组服务器，以容纳至少2万名玩家同时在线；公测期间则需要在八个骨干网络节点架设可容纳10万人同时在线的服务器设备。同时产品进入收费阶段还需要计费系统、游戏数据分析工具、E-Sales系统、销售管理系统等技术工具的支持。

除了上述几点外，主要人员的分工、各种运营活动的安排、结果验收等对于运营计划也至关重要。在运营计划的不同时间节点，所有的规划都需要明确清楚，绝不能模糊推进，不然很难把控整个运营计划，也容易错过关键的重要时期，无法做出针对性的调整。《幸福 online》游戏的例子属于产品初创期的运营计划，到了产品的发展期、成熟期乃至衰退期，运营偏重解决的问题各不相同，计划的内容也会大有差异。 在产品发展成熟期需要重点回顾之前的运作模式以及验证结果，找出后续的调整建议；产品衰退期则可能要重点制订出运营退出的步骤、时点以及后续的安置工作。

需要提醒注意的是，无论运营计划内容如何，侧重点如何，都应当注意满足以下几条原则。

1. 灵活性原则

人们常说：“计划永远赶不上变化。”对于互联网产品运营，运营计划尤其需要注意灵活性，不要过于死板、僵化地规定必须完成的任务和时点，因为市场环境是瞬息万变的，计划即使再完美，也可能遇到临时需要调整的可能，因此在进行计划时就要预先留出余地，以备不时之需。 像《幸福 online》的运营计划就充分考虑到了各种可能出现的问题，为每个重要任务都安排了可以接受的延误时间，使得计划执行时不会出现被意外情况打乱阵脚的问题。 总之，计划的灵活性越大，由未来风险引起损失的危险性就越小。

2. 具体性原则

运营计划不是纸上谈兵，是需要切实落实的，因此计划的所有内容都应当尽量具体，考虑到情况可能发生变化，内容不必过于细致，但也要体现出明确的思路，对任务进行分解，制定阶段性的目标，方便每一个时间节点后可以进行总结与调整。 特别是计划执行的方向必须明确，知道自己在做什么，才不会偏离产品运营的目标。

3. 实际性原则

运营计划应当契合实际，必须符合产品的实际情况、公司的经营情况以及未来的经营战略，切忌脱离实际做出异想天开、随心所欲的运营计划。 为此，产品运营需要及时掌握市场行情，整合周边资源，通过一系列的运作手段，按照实际需求安排不同的工作和任务。 有些新手运营做出的计划看起来虽然非常漂亮，但一旦付诸执行就会发现根本行不通，究其原因就是计划不切实际，或者根本就无法实现。

4. 安全性原则

产品运营在制订计划时还应当考虑到外部环境的复杂性、变动性可能造成的一系列具体的风险，对可能出现的问题要有一定的预见性，并制订好应对措施。这样当任务进展不顺利或者有意外情况发生时，就能从容应对并迅速转向正轨。

最后需要强调的是，产品运营毕竟不同于产品设计开发，运营一定要具备全局性、系统性和逻辑性思维，将运营计划视为一个有机的整体，不仅要做好产品上线前的调查分析、战略部署、人员调遣工作，还要安排好上线后宏观控制方向和微观灵活应对的措施，另外还要分析结果、进行总结，对产品的未来运营提早设想布局。这些都是运营需要做好的工作，对于新人而言，一开始想要达到这样的要求可能并不容易，可以多与上级沟通学习，争取精益求精，一次比一次做得更好。

多渠道联合出击才能收到奇效

所谓渠道，指的是产品达到用户的通道、路径等，它就像架设在产品和用户之间的桥梁。有了顺畅的渠道，产品的核心价值才能够更好地为目标用户所知，并引起他们的兴趣和好感，产品运营才能够收到理想的效果，并不断为公司创造出新增的效益。

渠道的种类有很多，一般包括各种免费的渠道、付费的渠道，同时产品本身的口碑和吸引力也算是一种无形的渠道，各种渠道又因为推广方式的不同可细分为多种种类。产品运营的工作是要尽可能地挖掘可用渠道，让用户以最快的速度、最简便的方式找到产品；另一方面，产品运营还要考虑渠道成本及用户转化率，也就是说要以最少的成本争取赢得最大的回报。

1. 线上免费渠道

免费渠道的优点是成本最小化，但与付费渠道相比可能存在见效较慢的问题，往往不能够在短时间内产生最直接的效益。不过渠道推广毕竟是循序渐进的工作，初学者切忌急于求成，不可因短时间看不到效果就放弃某些渠道。一般线上常用的免费渠道有以下几类。

（1）软文推广　写好软文做推广是运营者必做的任务，一篇精妙的软文能够将产品与文章完美结合，吸引用户阅读的同时传播了产品的卖点。运营者可以自己撰写软文投放在免费的论坛、社区，不过这种方式对于软文质量要求较高，广告性质过于明显的软文不仅会引起用户的反感，还可能遭到删帖的后果。

（2）搜索引擎优化（SEO） 这种方式是通过站内优化如结构调整、内容建设、代码优化、品牌建设等工作使产品满足搜索引擎（如百度、360等）收录排名的需求，使关键词排名上升并进入目标用户的视野，能够为产品带来免费流量并产生直接销售。例如，淘宝商家就可以通过产品标题优化来提高产品在自然搜索时的排名。

（3）社会化媒体 也叫社交媒体，是指互联网上用户彼此之间分享意见、经验和观点的工具和平台，常见的有社交网站、微博、微信、博客、论坛等，它们可以成为运营推广的良好渠道，不仅成本低，还能更准确地锁定目标用户，获得完整的信息反馈。像用户群体大、互动性强的天涯论坛就可以成为渠道推广的阵地之一，运营者在论坛上发布相关的软文、帖子，将信息公开，能够取得大面积覆盖用户的效果；另外微博由于门槛低、传播速度快、可在线互动等优点也成了必不可少的渠道之一；微信因为可以将信息推送给关注用户，进行一对一精准推广，以及可以在朋友圈内发布相关信息，也成为备受关注的新渠道之一。

（4）电子邮件推广（EDM） 指的是向目标用户发送产品信息、市场调查、推广活动信息等邮件来进行产品推广，这种方式能够实现与用户一对一的沟通，并能够让用户感受到被尊重的感觉，而且具有方便、快捷、成本低的优点。但要产生实际的效果，还需要努力了解用户的喜好和关注点，再辅以相应的营销措施，否则难以激发用户的兴趣，还会被用户视为“垃圾邮件”而产生反效果。

此外，免费的线上渠道还有问答类网站、即时通信营销（IM）等方式。在所有的渠道中，免费渠道是必不可少的选择，特别是对创业阶段的中小型企业以及刚刚接手运营工作的新人来说，免费渠道能够提供更多的试错机会，而且代价更小。

2. 线上付费渠道

付费的渠道需要通过花费一定的费用来购买广告位，以获取流量和用户。线上付费渠道种类繁多，有各种联盟广告、导航广告、超级广告平台、T类展示广告、应用市场、预装机等，从合作方式来看可以分为以下几种。

（1）按行动收费（Cost Per Action，CPA） 按照广告投放的实际效果即按用户回应的有效行为如下载、注册、登录等来计费。

（2）按佣金收费（Cost Per Sale，CPS） 是以实际产生的销售额的百分比来计算费用，具有低价格、多位置、高精度的优点。

（3）按点击收费（Cost Per Click，CPC） 用户每次点击都要计费的推广方式，也是最常见的形式，例如淘宝直通车推广就属于这个范畴，能够避免用户只浏览产品却不点击的问题，实际操作时需要对点击率进行限制，以加强作弊的难度。

（4）按千人展示计费（Cost Per Mile，CPM） 以每展示给1000个用户为计费单位，效果更偏向于口碑较好的产品宣传，能够起到锦上添花的作用。但因为覆盖率数字具有不可考性，而且不同媒体造成的印象与影响力也有差别，因此这种方法只能作为一种辅助参考工具。

（5）按时长计费（Cost Per Time，CPT） 是包时段投放广告的一种形式，费用与用户的点击量等行为无关。投放时段可以自行选择，可按周或按天购买。

（6）按购买计费（Cost Per Pay，CPP） 在用户点击广告并进行在线交易后才按销售笔数付费用，这种方法能够规避点击而不交易的风险。

综合上述几种方式，可以发现CPS、CPP等按照实际销售计费的方式风险较小，收益也更有保障。目前，阿里巴巴旗下的淘宝客、百度联盟、京东CPS联盟等采用的是CPS的合作方式。以淘宝客为例，有淘宝客为淘宝店铺设置佣金为5%的产品进行推广，每销售出一款价值100元的产品，淘宝客就可以获得佣金5元，而这5元的费用只有在买家实际购买产品并确认收货后才会付给淘宝客，如果买家中途发生退货行为，5元费用也会返回卖家账户，整个过程中卖家的风险是很小的。

不过，随着渠道竞争的日益激烈，优秀的渠道资源往往会向CPC等高付费率的方式倾斜，因此对于有迫切推广需求的产品，也不必强求CPS合作模式，可以通过多种方式综合推广的形式，在实际工作中再根据具体情况进行调整。

3. 线下渠道

除了上述线上的渠道外，产品运营在推广时还可以考虑线下的渠道如电视、报纸、杂志、电台等媒体广告，以及分众广告、地铁广告、公交广告、高速路牌等户外推广形式。这些线下渠道能够获得极强的曝光率，具有吸引用户的效果，而且对于产品和品牌能够产生一定的美誉度和影响力，特别是主流媒体、机场广告等可以覆盖高端用户人群，为产品带来有价值、高转化的流量。当然，为了赢得这些理想的效果，势必也要付出可观的费用，有时花费可能是线上渠道的几十倍甚至上百倍。

综上所述，每一种渠道都有各自的优劣势和特点，也都有不同的选择价值，不一定会适合所有的产品和运营目标。因此，产品运营在选择时要多斟酌损益并了解市场的实际情况，还可以多与竞争对手的做法相对比，争取做出科学、合理的渠道计划，尽可能节约成本获得较高的转化。有了高转化率才便于进行下一步的战略调整及产品升级，这也是产品运营责无旁贷的工作之一。

打造从产品到运营的生态闭环

一位优秀的运营总监曾这样说过："产品经理做的是从'0'到'1'的工作，而产品运营做的则是从'1'到'100''1000''10 000'……的工作"。也就是说，产品经理的任务简单地说是让产品从无到有，而产品运营则需要让产品接触到更多的目标用户，在更多的场景中使用，以实现产品的扩散、爆发、增长、收益。在这个过程中，我们不妨将产品视为一种生物、生命体，它与周围环境、目标用户相互作用而形成一种生态闭环，如果闭环打造得好，就会产生循环增长的效果，进而促进产品的成长、壮大。因此，对于产品运营来说，一项重要的任务就是打通产品的生态闭环，让产品实现自我循环成长。

国内著名的网络问答社区知乎在 2016 年 9 月 20 日正式推出了新产品——知乎书店。这款新产品借助于知乎的大平台，向用户提供电子书购买、阅读、传播、讨论等服务。

用户可以在知乎书店付费购买并下载电子书，然后使用知乎 APP 就可以随时随地地阅读自己购买的书籍。用户打开 APP 后，可以清楚地发现这些书籍已经出现在"我的书架"中，如图 1-7 所示。同时，用户的个人主页也会出现书籍动态，能够通过用户在社区内互相关注的好友进行传播，用户还可以对书籍做出点赞、评价等，也会出现在个人主页中，也会在好友的首页中显示。此外，每个电子书籍还有相关的讨论区，供用户与志同道合者进行讨论，并提供一键分享的功能，使用户可以将阅读和交流的体验分享到微信、微博、QQ 等站外渠道，无形中为知乎书店起到了推广的作用。

当然，作为问答社区推出的产品，知乎书店也提供了问答功能，用户可以就书籍内容本身以及各种感兴趣处提出问题，再由其他用户回答、讨论，能够起到刺激灵感、深化阅读体验的作用。这样，知乎书店就打通了买书、看书、分享、讨论、吸引其他用户购买的电子阅读的闭环，也为线上出版行业带来了一种创新的思维。

图 1-7　知乎书店产品界面

从知乎书店的功能设计上可以看出它是一款以运营思维打造的生态闭环式的产品。用户通过阅读发布优质信息，吸引新用户，新用户发布更多的优质信息吸引更多用户，如此一来用户、产品、渠道三者融为一体，互相促进，相互融合。随着用户的不断增长，产品自身也能得到成长壮大，而传播的渠道也随着用户的配合不断拓宽，产品能够接触到的目标用户越来越多，由此形成一种效率极高的良性循环，对于产品的长期发展是很有助益的。

与知乎书店相比，很多昙花一现的互联网产品却没有形成良好的闭环。比如一些词典 APP、Flash 游戏等，因为脱离了产品运营的思维，做到了从“0”到“1”，其后从“1”到“10 000”的重要工作却没有认真规划，结果产品功能再优秀，却无法带来用户的持续增长，继而产品的自我成长也受到影响，最终难免不会湮没于互联网的汪洋大海中。

想要让产品能够自我成长、自我增值，进化为一个有机体，就需要以运营的思维打造闭环，从用户的角度出发，多问几个“now what（现在该怎么办）”，以源源不断的更新颖有趣的玩法，吸引用户，让用户自觉地投入到产品建设的闭环中来。

1. 鼓励用户贡献高质量内容

用户贡献也叫用户原创内容（UGC），对于互联网产品来说，能够激发用户贡献的兴趣，无疑能够提高产品黏性，聚集大量人气，像一些视频分享、文档共享、博客、播客之类的产品都已经成为了新的赢利模式。但是UGC因为来源于各种各样的用户，内容质量必然存在参差不齐的特点，这就需要产品运营对UGC进行客观的评价，多引导高质量内容，以提升产品的格调和影响力。

例如，一款新生的APP“图解电影”中的内容主要是用户截图影视剧照，再加上用户对剧照的文字解说，成为一种新颖的解读电影的形式。为了引导高质量内容产生，“图解电影”采取了精细化运营的方式，每周对新涌现的高水平作品评级并发放奖金的方式，吸引了大量具有优秀写作能力、艺术鉴赏能力的高素质用户参与。同时对每部作品还提供点赞、打赏以及评论和弹幕发言的功能，供其他用户一边欣赏作品一边参与讨论，并直接表明对作品喜爱或厌恶的态度，加上对作者进行金币和红包打赏的方式，使得用户参与积极性极高。

2. 实现人与人之间更好的连接

在互联网越来越深入人们生活的今天，开发设计产品时不能仅仅考虑功能如何齐备、界面如何唯美，而更应当从运营的角度出发，重视做好人与人之间的连接，争取通过产品实现用户之间的沟通和互动。当来自各地、背景不同、年龄各异、身份有别的用户在产品中因为共同的兴趣、爱好、价值观等因素连接在一起时，产品就能成为用户的聚集地、分享地，由此产生的社群效应才能实现产品从小众过渡到大众，从线上走向线下，从单一的产品成为完整的闭环。

以著名的社交网站脸书为例，用户可以在脸书上建立一个属于自己的专区，在其中分享自己的照片、个人兴趣以及每天发生的新鲜事，与此同时，用户的一举一动也都展现在自己的脸书好友眼前，好友可以随时随地留言称赞，沟通和互动更加有效率。即使朋友之间相隔甚远，只要互相关注脸书，距离就能在一瞬间拉近。不但如此，脸书小组还能够帮助用户寻找到与自己志趣相投的新朋友，也能够更加方便地结交同城好友，人与人之间的社交从虚拟走向现实，再回到虚拟，整个闭环实现了跨越式的连接。

3. 增强用户对产品的黏性

对产品运营而言，用户才是他们的真正服务对象，只有从用户的实际需求出发，不断改善产品和服务，才能提升用户黏性，保证二次用户及更深层次用户数量增加。而这也需要搭建完整的生态闭环，使用户不离开产品也能完成自己的活动。

像一款移动社交工具陌陌（momo）就是从陌生人的邂逅出发，为用户提供“一揽子”化的社交服务。用户可以通过陌陌认识附近的人，免费发送文字信息、语音与新朋友进行互动，也可以发送照片、自己的地理位置实现线下的见面交流。并且用户还可以创建或加入附近的兴趣小组，可以方便地参加当地附近举行的各种娱乐活动，实现 O2O 的闭环。当用户在陌陌认识新朋友后，无须转入其他工具，也可以保持良好的体验和互动，久而久之，很多用户想认识陌生人的时候马上就会想到陌陌，这时产品的黏性也就体现出来了。

4. 使用户产生情感共鸣和记忆

当前互联网上的产品可以说是五花八门、多种多样，如何让自己的产品脱颖而出得到用户的青睐，主要还是要提升产品的价值，使其能够从内容及形式上打动用户，使用户产生情感共鸣和正面记忆，这样的产品更能够激发用户的参与精神，让他们乐于分享和传播给更多的潜在用户，完成从产品到运营的生态闭环。

致力于本地“鲜生活”的社群电商平台“私蜜食物社区”（“私蜜空间”），在 2016 年 9 月发起了“人间食粮”阅读成长计划，这个产品打破了该社区只销售食品的传统模式，开启了“一本未知的好书+5 斤大米，售价 99 元”的新产品形式。用户从产品得到的不是简单的一本书和一堆大米，而是一份带着惊喜和书香的情感共鸣。书籍是精神的食粮，每一本充满不确定性的好书能够为用户带来触动心弦的阅读体验；而大米是身体的食粮，因为与书香融合仿佛也被赋予了丰富的意蕴。通过“私蜜食物社区”与多个知名公众号的联合运营，“人间食粮”吸引了用户的注意，并形成了良好的传播效果，促成了不错的销售数据。

5. 以运营手段不断创造新鲜玩法

能够经久不衰的互联网产品往往都非常善于创造新鲜玩法，这些新变化会改变用户对产品的印象，使产品从冰冷的缺乏人情味的应用化身为用户生活中不可或缺的伴侣。运营所要做的就是研究用户行为数据，找出用户需求变化，再赋予产品源源不断的新玩法，从而对用户形成永不衰竭的吸引力。

当前最火爆的微博产品“新浪微博”在腾讯微博等竞争对手的冲击下，就不断开发新鲜玩法。2015 年起，微博针对用户对共同兴趣和专业内容方面的社交需要，开始团结垂直领域大 V 用户的力量，以促进更多好玩有趣的内容生成。橙 V 个人认证用户最近 30 天累计阅读数大于 100 万，并且在最近 60 天内至少有一篇长文阅读数超过 5000，原创优质长微博或视频微博不少于 3 条，即可申请成为微博签约自媒体，享受广告投放分成、微博打赏、阅读收费等更多玩法，并可获得更高的曝光率。不仅如此，微博还与世界邦旅游网、咪咕阅读、阿里影业、阿里音乐等合作，获取更多更好的内容，并分享更多的目标用户，使用户与内容获得良性循环。

综上所述，运营就是要充分运用各种资源、渠道、方法，将产品的核心价值放大并传递给用户，使用户对产品形成黏性，并不知不觉成为产品的合作建设者，为产品引来新的贡献客户，形成滚雪球的效应，让产品的生态闭环更趋完美。

第二章

把自己的内容做好，传播也不成问题

高质量的内容能够吸引用户的眼球，提升用户对产品的黏性和活跃度，而运营则要通过正确的定位、精心的编撰和整合，想办法将最有价值的内容呈现到用户眼前。

通过用户定位确定内容定位

随着产品上线后，用户不断地进入，内容运营的工作变得越来越重要。如何创造、编辑、组织、呈现高质量的内容，提升用户的黏性和活跃度，是运营每天都要思考的问题。

做好内容定位是内容运营工作的第一步，特别对于从零开始进行内容运营工作的新手来说，定位不清，今后的工作思路就会欠缺条理，不知道该写什么内容，该给用户推送什么内容，也不知道什么样的用户更容易接受自己的内容。要解决这些问题，首先要做的就是找到准确的定位，也就是说要解决好“给谁看”和“看什么”的问题。

所谓“给谁看”，就是要定位自己的目标用户或者说受众群体，要尽可能地迎合他们的需要来产生相应的内容，而不能脱离用户想当然地生成内容。至于“看什么”就是要明确什么样的内容才能符合目标用户的需求，而当用户获得这些内容后能够达到什么样的效果。只有理清了这些思路，才有可能不断产生高质量的内容并吸引用户的目光。

2014年9月，一款名叫echo回声的音乐APP正式上线，这款APP允许用户在任何环境下能够收听自己喜欢的音乐，并能够一边听音乐一边发送弹幕或有声表情来表达自己对音乐的感受，同时还可以与其他用户分享体验，形成一种前所未有的听觉社交群体。“echo回声”音乐APP界面如图2-1所示。由于这些独树一帜的做法，这款APP在短时间内吸引了大量用户，仅仅一年时间，注册用户量就突破了1000万，目前已经成为国内最大的3D音乐原创社区与发行平台。

echo回声的成功，与其精准的内容定位有着直接的关系。echo回声的创始人是一个地道的“90后”女生刘著怡，作为长期沉浸互联网生活的新新人类，刘著怡早就注意到了90后、00后的年轻群体对于音乐有着自己独特的看法，他们不仅喜欢流行音乐、古典音乐，也会将目光投向小众的音乐，很多被他们奉为经典的独特音乐在主流的音乐播放市场却并不常见，而且他们也希望能够发表自己对音乐的意见。再加上年轻群体大多有“手机不离手”的习惯，刘著怡就将这类用户定位为自己产品的目标群体，为他们量身打造了这款echo回声，让他们随时随地都能在手机上找到、听到自己喜欢的小众音乐，还能满足他们自我表达的迫切需求。

在定位了目标受众的基础上，echo回声将内容定位为原创音乐+用户分享。APP上40%的内容是原创歌曲，很多著名的原创音乐人都会将作品上传到自己在echo回声的主页上，并吸引了大量粉丝的欣赏、评论。而广大用户也能在echo回声上找到自己感兴趣的音乐类型，不仅如此，他们还会翻唱或改编自己喜欢的歌曲上传，有时也会录下生活中的各种声音或是制作炫酷的有声表情，将它们上传成为APP内容的一部分，在接受其他用户的评论时体会到一种创作的乐趣。

图2-1　echo回声音乐APP界面

从 echo 回声的内容定位，可以发现这款产品对用户的定位非常准确，同时内容定位又能够满足用户对于功能和情感的需求，因而能够快速蹿红，并逐渐显现出充满希望的发展前景。

在 echo 回声的启发下，我们不难发现运营在做内容定位时需要把握好的几个要点。

1. 内容要符合用户的需求

无论任何产品，对内容的定位都要以用户定位为基础，要深入了解用户群体的年龄特征、兴趣爱好等，并深入挖掘用户的需求，这种需求也许是用户对于功能方面的需求，也许是情感方面的需要。内容运营者首先需要产生一批能够满足用户需求且符合产品定位的内容，再想办法引导用户自主产生更多的内容。而要做到这一点，就需要运营频繁地与用户进行沟通和接触，对他们进行细致入微的观察，保证内容定位时不会偏离用户的需要。

比如某服装品牌的主要购买人群是 18~30 岁的年轻人群，其品牌调性的关键词定位为“年轻”“崇尚自由”“时尚”，其品牌的微信在内容运营上就充分考虑到了受众群体的需要，偏重于分享一些青春洋溢、充满时尚和活力的文章，做到了“接地气”，从而满足了用户的情感需求，赢得了众多粉丝的关注。

2. 内容输出要贴合自己的能力

内容定位还需要贴合运营者的能力，因为高质量的内容不能完全依靠“搬文”，有自己的原创内容是运营的基础要求，这必然对运营者的能力提出了较高的要求。不过，这也需要运营者认真衡量自己的知识面、写作能力，如果达不到打造“爆款”文章的程度，也要做到努力使用户理解，并注重平时的积累，以收集更多的新鲜素材。

同时，在写作能力不足的情况下，运营者也可以试着对别人的优质内容进行整合，可以牵头策划主题，由行业专家或用户生成内容，运营者再对其进行改编和整合，成为更加符合产品调性的内容。当然，这样的整合绝不等于没有原则的剽窃和抄袭，抄袭虽然可能会带来一时的收益，但对于产品的长远发展却极为不利。

3. 内容输出要保证稳定、高频

能够形成用户黏性的内容不一定有多么精彩诱人，但在输出上肯定是稳定而频率较高的。一些优秀的自媒体人、垂直领域专家、网络小说家等能够在互联网上爆红，很大原因是因为他们能够做到持续地输出内容，因而能够聚拢大量的用户。反之，在做内容定位时不注重输出的频次，有随意性或很长时间发送一次内容，就无法保障稳定的自传播。

作为团队的运营者，想要保持内容生产的稳定性，可以试着将大的话题进行分拆，每次只讨论一个话题，以增加内容生成的数量；另外可以鼓励用户自我生成内容，或将用户在产品社区中分享的精华言论集结形成内容；还可以提供素材给自媒体、业内专业人士进行约稿等。但无论采取哪一种办法，都要注意不能偏离自己的内容定位。

内容初始化，构建产品的价值观

在完成了对内容定位的任务之后，内容运营可以将精力集中在内容初始化的工作上。所谓内容初始化，就是要整理出基本的内容框架，然后筛选并填充早期的内容，确保产品上线后内容得以正常流转并显示给目标用户。

需要注意的是，这些初始化的内容通常决定了产品的调性，是产品价值观的集中体现，决定了产品在未来的发展方向，因此一定要尽早制定出相应的标准。什么样的内容是适合产品价值观并可以展示给用户的，什么样的内容是不合适且应当排斥的，这些都应该在产品上线之初甚至产品策划阶段就应当形成框架，便于内容运营者今后开展工作。

2010年12月中旬，知乎开始投入运转。团队的最初定位是打造一个与众不同的问答社区，在专业性、知识面上都能体现出一种精英格调。为了实现这种定位，在进行内容建设时，知乎团队除了自己分享一些专业性的IT方面的知识外，还从自己的社交圈里想办法寻找到业内知名人士参与，包括有创新工场的李开复、人人网创始人王兴、真格基金创始人徐小平、腾讯CEO马化腾等一批著名的互联网精英。知乎采用向这些精英人士提问并获得回答的方式获得了最初的一部分高质量内容，如李开复就在2011年3月非常认真地回答了“为什么选择在那个时候离开谷歌”这样的问题，并且得到了很多用户的赞同和评论。而腾讯的一些员工也踊跃加入了“听说马化腾经常会直接回复普通员工的邮件，其中令你印象最深刻的是哪一封?”这样的话题讨论，其中最热门的回答因为认真、专业、细致，赢得了超过2100个赞同数。

为了保证初始内容的质量，知乎还采用了邀请制度，通过严格的审核邀请业内人士注册加入，其中以国内IT、互联网创业、投资金融方面的人才为主，以这样的方式，知乎上线一个多月，就产生了8000个问题和2万个优质的回答。

由于知乎的内容初始化注意做到了专业、精深、高质量，因而赢得了更多用户的推崇。而新加入的用户在社区规范化的良好氛围影响下，也不知不觉地严格要求自己，争取产生出更多更高质量的答案，以获得其他用户的支持和肯定。为了鼓励高质量内容产生，知乎采用了投票模式，如果某位用户的回答获得了较多的“赞同”票，就会出现在问题正下方的首位，有更高的曝光率，这对用户也是一种很好的鼓励。优质内容的知乎如图2-2所示。另一方面，知乎的每一位注册用户还有一个PR（人品）值，也是对用户回答质量的一种评价形式，当用户产生了高赞同数的优秀回答，PR值便会上升，同时问题下方的答案排序也会提升；而当用户发送了无效回答或垃圾信息，PR值就会降低，有些无效答案还会被系统直接隐藏，这也在一定程度上帮助知乎过滤了低质量的内容，保证产品在用户心目中的形象不会被破坏。

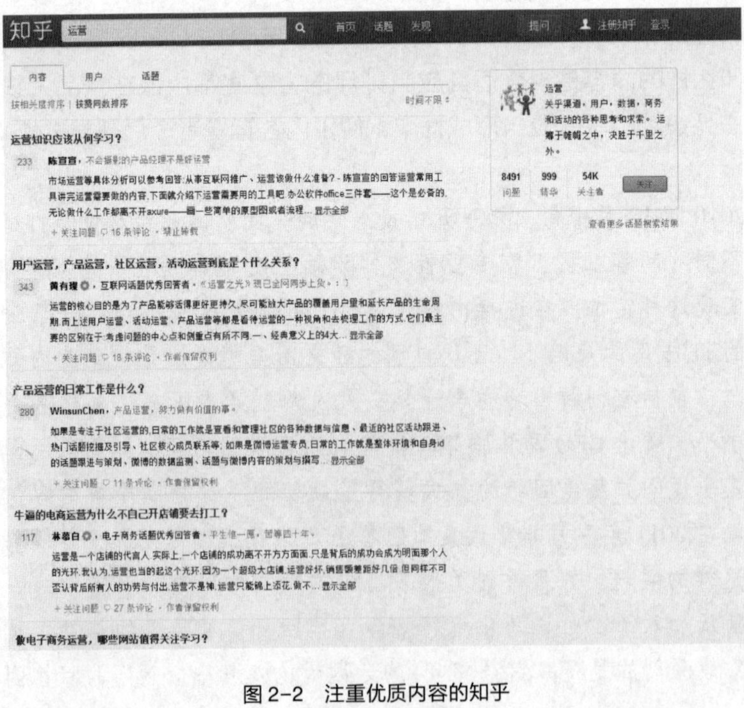

图2-2　注重优质内容的知乎

从知乎的内容初始化可以发现，这个团队从一开始就有十分明确的内容定位，同时对内容的规范化和标准化有很高的要求，为了产生早期的优质内容，更是想尽了千方百计，而这些努力并没有白费。目前知乎已经拥有了极高的口碑，各行各业的精英通过这款产品分享彼此的专业知识、经验和见解，截至2015年3月，知乎已拥有1700万名注册用户，月独立访客接近1亿次。

分享知乎的成功经验可以使我们得到许多有益的启发，在产品上线前和上线初期，应当根据之前的内容定位做好内容的梳理和准备工作，想清楚怎样用最初的内容去赢得用户的留存，并逐渐从运营产生内容过渡到用户自主生成内容。这其中有几种内容建设的方式是最有效也是最快捷的。

1. 运营自主编辑内容

作为运营人员，首先要对自己从事的行业以及用户的需求深入了解，再想办法从用户感兴趣的话题入手编辑内容，以引起用户的共鸣。如果新手运营对自己编辑内容的工作感觉困难，也可以到其他社区、论坛如豆瓣、天涯、人人发帖或直接私信邀请优秀的人才来编辑内容，或者邀请线下有相关经验的文字编辑来制作精美的内容。

初始内容具备之后，运营还需要将有代表性、反映产品价值观的内容推荐到各个导航页面的显眼位置供用户在第一时间阅读。同时也要尽快制定内容的标准，像发帖获得积分、积分与等级挂钩以及不同等级用户组的权限划分等都应当尽早成文。如可以参考百度百科的做法，用做任务的方法做好新手引导的工作，通过视频、文字的方式对新用户进行指引，帮助他们快速了解操作方法以及内容标准。

2. 团队成员头脑风暴

什么样的内容最适合自己的产品和目标用户，这个问题的答案团队成员应当是最清楚的，因此初始内容也可以有一部分由团队成员通过头脑风暴来生成。特别是产品的创始团队自身就有着丰富的运营经验，对发现和制作用户喜欢的内容都很有心得，由他们来引导和生成初始内容是最合适的。

2015年6月上线的花椒直播的创始人田艳女士就有超过10年的内容运营的经验，她会依照自己的工作习惯，迅速覆盖所有内容，再观察用户的选择，每隔一段时间进行一次调整。另外，花椒直播还有一个

8~10 人的内容运营团队，他们都有多年在传统媒体或线上媒体工作过的经验，擅长新闻采访、稿件撰写，在花椒直播发展早期提供了很多优秀的内容，吸引了大量用户。

3. 从社交圈中邀请达人参与

为了提高产品的号召力，提升内容的价值和影响，内容运营还需要多多运用自己的社交圈，想办法与业内的名人、明星、精英、权威人士产生联系，并邀请他们成为注册用户，并提供一些高质量的内容。这方面的内容不用太多就可以发挥出非常明显的效应，对普通用户来说能够产生强大的吸引力，并且也在无形之中提高了产品的格调，为产品今后的长远发展奠定了基础。这方面最为突出的案例就是前述的知乎邀请李开复、周鸿祎、徐小平等名人参与问答而产生了明星效应，并奠定了知乎的专业性基调。

4. 培养核心用户贡献内容

随着产品的上线、用户的进驻，内容运营也要将工作的重点转为鼓励用户发表内容，如果用户只是浏览内容，却不进行互动评价，也不主动生成内容，产品的发展前景就堪忧了。所以，内容运营要培养自己的核心用户，并鼓励他们留下精品内容，如举行有奖征稿或给予文章加精、首页推荐、颁发勋章等活动，使用户不断获得被肯定、被赞赏，激发他们贡献内容的积极性。而这些活跃度高的种子用户又能凭借自己的影响力，吸引更多目标用户，并能够培养出良好的产品氛围。

需要提醒的是，内容建设的思路有很多，运营者可以同时各种思路并用，不一定单纯依靠某一种方法。如果线上内容不足，也可以考虑将线下媒体的内容搬上网络。不过，无论采用何种方法，都应当始终坚持最初的内容定位和产品价值观，因为这是用户记住并爱上产品的主要力量，也是内容运营的核心追求。

以用户需求为核心制作内容

在上一节中谈到了运营需要自主编辑部分内容，这部分内容应当丰富有趣，而且以生动的形式展现，才能对新用户形成较大的吸引力。不仅如此，运营还应当注意持续编辑生成对用户有价值的内容，要与产品的“基调”和价值观相吻合。

不过，运营虽然也需要进行编辑的工作，但并不等同于“内容编辑”。“内容运营”的内涵是大于“内容编辑”的，后者只是将产生内容作为自己的重点工作，像收集材料、编写稿件、发布排版等都属于内容编辑的任务，而内容运营则主要对用户负责，通过策划、编辑、发布、优化、推广、传播内容来打通产品和用户之间的关系。因此，内容运营在生成内容时应当注意从宏观的角度出发，考虑到整体的效果把控和预估，而不能仅仅将目光局限于自己制作的文案、图片、视频等内容上。

也就是说，即使是从零开始的运营，也不能满足于只做内容编辑的工作，因为这对于产品和个人的成长都是远远不够的。运营在生成内容的同时，要考虑到内容的质量是否满足用户的消费需求，有没有可能实现用户数的快速增长。

2012 年 5 月上线的母婴类网站辣妈帮是一个女性分享备孕、怀孕、育儿、时尚、情感、美食、购物、健康等话题的大型社区，网站界面如图 2-3 所示。这款产品运作时间不长，就受到了用户的热烈欢迎，还于 2014 年 11 月获得“中国创新成长企业百强”的荣誉。

图 2-3　内容丰富实用的辣妈帮网站界面

辣妈帮在内容运营方面十分注重用户的实际需要，因为面向的用户是育龄女性，因此初始内容以全方位专业的科学备孕知识、孕期健康常识、婴儿护理、产后康复、早教等用户最为关注的知识为主。为了方便使用，辣妈帮还收集了大量孕期食谱、产后食谱、婴幼儿辅食食谱、预产期计算器、宝宝起名大全等具有实用性的工具资料，为用户提供了参考和便利。

运营通过对访问数据、注册用户数、留存率、页面停留时长等数据分析来策划和编辑内容，比如策划一些辣妈们感兴趣的专题，或者对稿件质量进行管理，如果稿件的流量不理想，运营就会修改标题。如果标题修改后流量没有上升，加上内容确实价值不高，就会将稿件及时撤换掉。另外，让用户大为称赞的是辣妈帮的个性化内容推送，辣妈帮实行“千人千面”的推送办法，让用户打开网站，看到的是符合自己兴趣爱好的个性化、人性化的页面，让用户停留的时间更长，点击率更高。

辣妈帮在内容运营上注重以用户需求为核心，通过研究用户的行为习惯，调整内容运营的方向和思路，这些做法不仅使产品定位更加明晰，而且还营造出了内容丰富、实用、科学的社区氛围，因而能够得到用户的认可和支持。

对于新手运营来说，一开始面对网上五花八门的信息可能会有无从下手的感觉，不知该如何制作有价值的内容。这里提供几点要求供大家参考。

1. 内容体现出行业高度

对于互联网从业者来说，用户能够关注你的产品，一定是因为产品本身的品质、调性吸引了他们，或者说产品内容体现出了专业感、行业高度。比如“辣妈帮”是母婴类知识的专家，“去哪儿”是自助旅游方面的专家，“混搭帮”是穿衣搭配方面的专家等。这些网站或 APP 的内容运营人员通过独立策划和制作一批优质、重要的内容，达到了满足用户需求和传递产品调性的目的。这些内容在选题角度、标度文案、内容编排的质量都能够体现产品的价值，提升了用户的阅读体验，还对打造产品品牌、形成良好口碑起到了不可或缺的作用。

例如，“辣妈帮”首页的“辣妈知道”栏目，其中的很多文章由网站内容中心提供，在专业性、实用性、科学性上都有可圈可点之处。一篇标题为《宝宝咀嚼能力差？ 多是过度呵护在作怪！》的文章用简练的文字总结了宝宝咀嚼能力不足的表现以及造成这些问题的“罪魁祸首”，同时向辣妈们提供了一些富有可行性的建议和小贴士，能够让用户在阅读学习之后获得不少裨益。

2. 保持内容持续新鲜

流量无法提升、用户留存率低，有时可能与内容的陈旧、枯燥有关系。在当今互联网信息呈现爆发式增长的同时，任何一种产品都应当注意保持内容持续更新，只有这样才能够让用户在每次使用时都能得到不同的感受，也会对各种耳目一新的内容产生兴趣。不仅如此，经常更新优质内容，还能够在搜索引擎上提高权重，获得更好的曝光率及知名度。

此外，产品的内容应当紧跟当前形势，贴近社会热点，才不会给用户以“落伍”的感觉。为此，很多媒体平台的内容运营都采取了“三班倒”的形式，为的就是能够对最新的热点信息做出及时的反应，而不至于错失产生优质内容的良机。只有内容“鲜”，产品才能“活”起来，这一点即使对于非资讯类的产品也是非常重要的。

3. 内容要尽量丰富、生动

对于产品运营，我们提倡聚焦核心功能，少即是多。而在内容运营方面，则恰恰相反，要做尽量丰富、生动的内容。也就是说，要用内容丰富产品、生动化产品。如要有用户喜欢的内容、专业化的内容、娱乐化的内容、社会热点内容，还要有体现产品特色的栏目和内容，如果有可能的话，多一些稀缺、难找的内容会让用户更加受到诱惑。

不过需要提醒的是，运营在丰富内容的同时，还需要注意“有所为有所不为”，不能为了盲目吸引用户眼球就刻意选择一些低俗、不健康的内容，或是复制粘贴自己认为不错的内容而不做任何修改，这样的低价值内容对于产品成长来说毫无帮助，还会影响到用户的体验，应当坚决避免。

4. 内容要占领更多的用户场景

“用户场景”这个词语越来越多地进入我们的视野，就内容运营来说，不仅要考虑用户的需求和体验，还应结合用户使用产品的“场景”来制作内容。

比如碎片化的信息可以满足用户等公交、坐地铁、吃午饭这种短时间的产品需求，而用户行走、工作时可能需要使用音乐类的信息，在用户休闲时则可能需要视频类的信息。所以内容运营也要考虑到这些不同的场景，尽可能展现不同形式的内容，图文并茂，配合音乐、视频等多种形式，争取让自己的产品占领用户生活、工作、学习的更多场景，让用户对产品的依赖性不断提高。

5. 内容需要有互动性

若要提高用户参与的积极性，增加他们对产品的黏性，在内容上提高互动性可谓是一种很好的方法。如美国的一个新闻聚合网站 BuzzFeed 就设置了个人风格在线测试的内容，吸引了大量用户点击参与。用户觉得这种类似游戏的测试非常有趣，而且对网站的参与感和满意度都有所提升。

类似这样的例子还有很多，常见的交际性互动内容还有投票、问卷调查、评论、评价、虚拟现实等，像某服装品牌的官方网站就提供“虚拟试衣间”的互动功能，用户只要输入自己的体型数据，就可以在“试衣间”里生成一个与自己身材相符的模特，并在线试穿各种服装，满足了用户足不出户就能观看到试穿效果的需要，而且让用户感觉十分新鲜有趣，参与的积极性很高。

除了上述这些要点外，内容运营在制作内容时还要注意一些基本的细节问题，如内容的排版、审核、配图等，这些细节看似无关紧要，却会影响内容最终呈现的效果。如果用户看到排版错乱、错字连篇、配图无关的内容，对产品的印象就会大打折扣，即使内容本身质量不错，却会因为这些细节工作不到位而被用户抛弃。因此内容运营者一定要引起足够的重视，保证每个环节都能执行到位。

用精心制作的标题引爆传播

对于互联网上层出不穷的各类信息，想要引起用户的注意，首先应用心打造带有“爆点”的标题，标题是内容的画龙点睛之处。好的标题能够起到先声夺人的作用，在第一时间抓住用户的注意力。反之，如果标题不够出彩，用户就可能失去点击下去的欲望，那么再精美的内容也会失去意义。

某微信公众号运营者小贾有次在某论坛看到了这样一则小故事：一对美国夫妇打算出售自己的房子，买主是一名精明的中国女性，她毫不留情地砍价，斤斤计较地挑剔房子的各种不足，整个过程很不愉快，但最后还是以一个低到不能再低的价格成交了。买卖双方很快办好了交接手续，美国夫妇也收拾了家当，离开了那座城市。当买主去接收房屋的时候，她惊讶地发现美国夫妇将房屋打扫得干干净净，还为她准备了全新的厨房用品、清洁用具，并且他们还好心地多付了水电费，以免意外断水断电给买主带来困扰。不过最令买主感动的还是他们留下的贺卡，那张显然是专门到唐人街买来的中文贺卡，里面用充满诚挚的话语表达了对买主的欢迎……

这个故事让小贾很有感触，他相信如果发表在微信公众号上，也会引来粉丝的关注。于是他修改并转载了这篇故事，起了个标题《买美国房子的故事》，谁知阅读数却没有他想象中的高。小贾正在发愁，一位同事想了个办法，内容一字未动，只是将标题修改为《我们狠杀一对美国老夫妇的房子售价，当我们去收房时……》，隔了几天再次发布后，这篇文章的浏览量居然高达 530 万！

从上面这个案例中，我们可以看到标题能够产生多么惊人的效果，以同样的内容为基础，平铺直叙的标题和充满悬念的标题给用户带来的观感是截然不同的。悬念能够引发用户的强烈兴趣，他们很想知道标题里的省略号到底是什么意思，就会自然而然地点击进去阅读，看完文章又会觉得感动，就会有想转发的冲动。由此可见，带上一点神秘感，制造一些悬念是制作标题时的好办法。

除此以外，运营者在制作内容的标题时还可以这样参考以下这些技巧。

1. 利用名人效应

通常用户对于名人会有关注和模仿的心理，制作标题时就可以合理地加入这些能够吸睛的名字，达到引人注意、扩大影响的目的。如《近 10 年最成功的互联网创业者：最失败的项目是什么?》这个标题如果改为《雷军、王兴、刘强东、周鸿祎等 10 位大佬，最失败的项目是什么?》，效果就会更好。

2. 加入社会热点

用户普遍存在从众和好奇的心理，在标题中跟进社会热点，就能很好地抓住用户的心，赢得点击率。热点事件可以通过微博、百度等各大平台的热搜榜中查找，比如 NASA 发现一颗类地行星，距离地球 1400 光年，这条热点消息引起了用户的普遍关注。公众号的内容标题就可以借势编写，像《你距离另一个地球 1400 光年，距离 ×× 只有一步之遥……》等就能引起用户的注意。

3. 使用可引起急迫感的词汇

“你还没试过吗？”“你见过吗？”“再不 ×× 就过时了”等，这类能引起用户急迫感的词汇，可以召唤用户的探索精神，让他们情不自禁地点击进来，想要验证自己是否尝试过、见过文章中提到的事物。比如《你一定不知道，滴滴、美团、陌陌是如何积累种子用户的？》这个标题就引起了用户的好奇，达到了 10 万以上的浏览量。

4. 编写“合集”性质的标题

文章如果带有归纳总结盘点的性质，编写标题时就可以将这个特点突出，如《一生必看的 10 部电影》《程序员都一定会收藏的 20 个 ××× 方法》等。这类标题能让用户感觉到内容的质量，认为可以从中获得实用性强的观点和知识，而且标题中数字的堆积也能带给用户冲击感，因而容易受到用户的欢迎。不过，这类标题也对文章内容提出了很高的要求，如果用户点击进来发现内容并没有想象中的有价值，可能会起到适得其反的效果。

5. 在标题中合理加入标点符号

感叹号“！”、括号“【】”、问号“？”等标点符号，能够帮助标题第一时间进入用户的视野，引起用户的关注。而且这些符号还能够传达出强烈的感情，像感叹号可传达震惊、愤怒等感情，而问号可以诱使用户产生疑问，使他们产生去知道答案的欲望。这方面的成功案例有很多，比如《为什么大部分中国人穿西装不好看？》这个标题，在微信的阅读量有 30 多万，在头条号有 200 多万的点击。

6. 利用对比效果唤起好奇心

同样一个问题，用对比的效果表达出来，会有很强烈的吸引关注的效果。例如，一篇名为《教你秒懂互联网文案》的文章内容十分精彩，但流量却寥寥无几，原因就是标题平淡无奇、不够特别，无法吸引用户的眼球。后来运营将标题修改为《月薪 3000 与月薪 30000 的文案的区别》，用两个数字的强烈对比一下子激起了用户的好奇心，结果三天之内阅读量突破了 10 万。

当然，撰写标题的技巧很多，但运营者需要注意把握一条原则：标题应与内容完美契合，而且要富有新意。 这就需要运营者不要走捷径，做华而不实的“标题党”，如果标题十分出色却和内容关系不大，用户阅读后难免会产生上当受骗的感觉，反而会对产品的口碑不利。

另外，在制作标题时，也要注意不要一味以吸引眼球为目的，而刻意使用一些暴力、色情、粗口之类的字眼，这样不但会遭到用户的反感，还会招致永久性封号等严肃处理，可谓得不偿失；同时，一些“不转不是中国人”“转发后一生平安”之类带有胁迫性、煽动性的标题也要坚决避免。

内容的甄别筛选需要一双“慧眼”

随着产品上线运作，用户逐渐增多，用户原创的内容（UGC）渐渐增加，内容运营也应当及时调整工作重心，注意对内容的质量进行甄别，以做到取其精华、去其糟粕。

内容甄别和筛选的重要性之所以不容小视，主要是因为用户的知识面、教育水平、文化层次不尽相同，能够产生的内容质量也有高有低，如果任由低质量的内容充斥平台，就会降低产品的整体调性，还且还会让优质的内容被稀释，优质内容作者的积极性也会受到影响，造成一种“劣币驱逐良币”的恶劣后果。

不仅如此，少数不良用户可能会把产品当做是发放垃圾广告的平台，甚至还会滥发一些违反国家法规、侵犯他人权益的信息，如果运营人员不及时甄别清理，不仅会影响其他用户正常浏览访问，还可能造成安全问题，使产品无法正常运营。

国内知名的某社区网站从1999年创办以来，因为内容开放、包容，充满人文关怀和文化气息而备受用户的推崇。用户通过论坛、部落、博客在网站互相交流并发表意见，享受着自由的言论氛围。最初网站吸引了大量混迹于互联网的高校教师、商界人士、专业人才、媒体精英，他们为论坛贡献了高质量的内容，奠定了论坛高端的格调，并发展成为国内舆论不可忽视的一角。甚至有记者24小时关注论坛，以寻找最新的热点新闻，还有不少著名的网络作家也是通过从论坛发表帖子连载作品而逐渐走红的。

然而，随着论坛的不断发展壮大，大量新用户疯狂涌入，UGC 的内容所占比重越来越大，可运营人员对内容的审核、筛选工作显然却不够到位。于是，论坛的内容开始呈现出鱼龙混杂、良莠不齐的现象，内容庸俗化的帖子比比皆是。用户打开论坛页面，一眼所及的很多都是婆媳矛盾、感情出轨、挑动地域矛盾、恶意灌水、店铺广告之类的帖子，而且这样的帖子因为“水军”不断顶贴回复还一直漂在论坛的首页，经常得不到及时的处理。甚至编辑也为了博人眼球而推荐、加精一些明显的内容虚假、极尽夸张的“写手帖”，使得社区浓厚的人文氛围遭到严重破坏，让老用户特别是精英用户感到越来越失望。

久而久之，许多高质量的内容生产者被迫离开，这对论坛内容质量的退步无疑造成了雪上加霜的后果。目前，该论坛的一些精品版块流量下滑严重，甚至已经乏人问津，不多的人气聚集在“娱乐八卦”这样快速消费型的内容版块，也很少再产生昔日那种能够引起社会广泛讨论的热帖。与此同时，用户增长也出现日益缓慢的趋势，论坛的发展前景令人担忧。

上述案例中的论坛由盛转衰，很大程度上是因为内容运营工作不到位，运营人员没能把好内容的质量关，使得低质量的内容以及垃圾信息充斥论坛，影响了用户的体验，最终难免遭到用户的抛弃。

这个案例也提醒了内容运营者应当做好内容的甄别、筛选工作，也是说需要从众多的内容中挑选出质量高、价值高、与产品调性和用户需求匹配度高的内容，并努力让更多的用户看到。至于那些低质量的内容和垃圾信息，则要毫不留情地扫除干净，让它们尽早从用户的眼前消失。

至于什么样的内容可以算是优质内容，判断的标准并不唯一，运营者可以通过以下几种方法对内容进行基本的甄别和筛选，并敦促用户自觉减少低质量内容的生成。

1. 通过数据指标来甄别内容

内容好坏与否，可以通过大致的数据指标来进行判断，就单篇文章来说，可以从点击量、点击率、转载量、评论数、停留时长等数据来进行衡量。

对于产品整体而言，则可以重点考察以下这些数据：访问次数

（VV）和独立访客数（UV）能够判断产品每天被多少独立用户访问了多少次，可以体现出产品的人气；而浏览次数（PV）是用户打开页面的记录，PV 越多，说明用户对内容越欢迎；重复访客（RV）则能够说明是产品对用户产生的黏性。

上述这些数据都是内容运营可以参考的基础指标数据，能够宏观概括性地衡量内容受到用户欢迎的程度，但数据理想，并不代表内容一定是优质的。如一些猎奇类的文章确实能够博取较高的关注度和点击率，但实际的价值却不高，也不可能产生长远的影响，对于品牌宣传、提升用户体验来说帮助不大。相反，一些价值较高、与产品定位相符的优秀内容可能因为标题、图文包装不当而导致数据表现暂时不高，所以数据指标只可以作为一种参考，而不能作为唯一的甄别内容好坏的标准。运营者如果遇到数据情况低于预期，要具体问题具体分析，不能将内容全盘否定，在进行调整时也要结合用户的实际反馈，切忌盲目被数据牵着鼻子走。

2. 加强对 UGC 内容的审核工作

大量的用户生成的内容可以活跃产品社区氛围，但也增加了运营审核内容的难度。一般 UGC 模式的互联网平台会通过技术手段来完成对内容的审核工作，像违禁语、内容长度等审核工作，但也需要人工维护的配合，如删除垃圾内容、建立黑名单机制、对站内异常内容和用户进行监控等工作都需要人工完成。一般而言，大量数据会以技术审核为主，人工审核为辅；少量数据人工审核往往会投入更多。

比如，“知乎”的内容审核以技术审核为主，发现异常或收到用户举报后，会由人工介入进行干预，像用户发表了不合格的内容，就可能收到这样的提示“抱歉，您的文章部分内容可能包含不宜公开讨论的内容，已暂时退回草稿箱……”同样，主打原创视频的“优酷土豆”在审核用户上传的视频时也采用了技术+人工的筛选方式，包含敏感词或内容不健康的视频都是无法上传的。

当然，内容审核不是运营的目的，而是提高产品价值和用户体验的一种手段。通过审核也可以培养用户主动发布优质内容的习惯，有助于提高社区内容的整体质量。

3. 对用户进行适度的“门槛”限制

垃圾信息任意滋生让内容运营者颇为烦恼，这可能是因为建站系统存在某些漏洞，很容易被攻克，不良用户就会抓住漏洞群发垃圾信息。如一些与产品主题不符的内容，带有欺骗性、诈骗性质的内容，广告软文，恶意灌水等。运营者除了要及时删除这些垃圾内容外，还可以提高用户注册的门槛，限制不良用户利用机器大量注册，如采用注册需要使用验证码或限制同一邮箱注册 ID 的数量等方式。

另外，运营者还可以对新用户的权限进行控制，如注册并要求在线时长超过一定时间才允许发帖参加讨论，或限制短时间内连续发帖的行为等，同时要尽早建立“黑名单”，将不良用户的 ID 和 IP 以及垃圾信息的常用词等加入黑名单，设置好限制发帖或自动清除的功能。

不过，运营在设置“门槛”时要把握好尺度，不宜将“门槛”设的过高而影响了正常用户的正常使用。如 12306 订票网站为了避免“黄牛”刷票，推出了图形验证码+手机双向验证的双重措施，如图 2-4 所示，虽然在一定程度上减少了机器刷票的可能，但也为普通旅客购买车票造成了困难，特别是验证码图形画质模糊难以辨认，90% 以上的用户很难保证一次性输入正确，一旦选错，就要全部重来，导致网上购票的程序更加烦琐复杂，使得用户恶评不断，这也从侧面反映出该网站“门槛”设置存在缺陷。

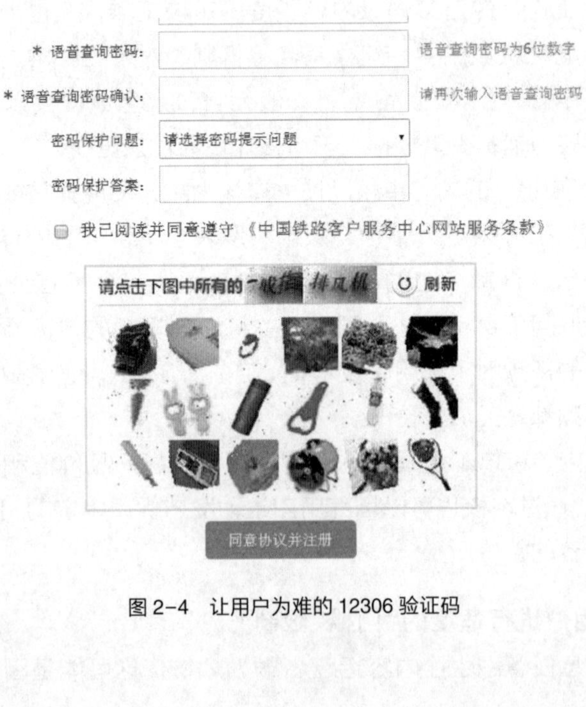

图 2-4 让用户为难的 12306 验证码

4. 建立系统的用户引导体系

为了鼓励用户主动生成优质内容，运营者应当尽早建立起系统的引导体系，像建立用户等级体系，用户产生内容后就可以获得积分、升级、更多的权限等；同时设置点赞、评论、送花、打赏等互动功能鼓励用户对优秀内容进行正面回应；而对破坏社区氛围的不良用户则有相应的惩罚机制可以引用。

新浪微博采用了提供认证和发放勋章的方法对用户进行分级、排名，其中微博个人认证较难获得，也成了一种身份的象征。用户名后加上橙色的“V”标记后，将拥有更高的粉丝数量，话语权和影响力都能得到提升，认证用户发表的内容也会得到更高的阅读率、转发量、评论数，对于其他用户也能够产生一种榜样的力量。

除了上述几点以外，还需要提醒运营者的是，在甄别筛选内容的同时，还要注意对原创内容的保护。一旦发现恶意抄袭其他用户内容的行为，应当做出及时的惩罚处理，例如禁言、删帖甚至清退大V、屏蔽账号等，以表示本社区对原创内容的重视态度，鼓励更多优秀原创内容产生。

将有价值的内容推荐给用户

在制作或筛选出了优质的内容后，运营者还要做好内容推荐的工作，也就是说让用户能够更容易地得到他们最感兴趣的内容，从而增加他们对产品的兴趣和黏性。可能有很多运营新手认为推荐内容非常简单，只需要根据点击量、转发量、下载量、评论数等数据对内容进行排序，再分门别类地呈献给用户就可以。但这仅仅是内容推荐的“初级阶段”，事实上，想让内容的价值最大化，运营者完全可以在做推荐时增加更多更好的创意。

新闻资讯类软件“今日头条”号称是一款会自动学习的产品，它能够对用户使用数据进行深度挖掘，然后实现内容与用户的精准连接，向用户推荐个性化的内容。从2012年上线以来，今日头条仅用了4年时间就发展为国内仅次于腾讯的第二大资讯平台。截至2016年7月底，累计激活用户数超过5.3亿，日活跃人数超过5500万，月活跃用户数超过1.3亿。

个性化的内容推荐是“今日头条”吸引用户的最大特色，当用户打开新闻客户端后，每一次点击、查询、收藏、评论、分享的行为都被系统完全记录下来，再与用户画像及使用产品的具体场景相结合，通过学习一点点了解用户的兴趣爱好。为了更好地描绘用户画像，“今日头条”还支持用户从微信、腾讯QQ、新浪微博和人人网登录，这样系统就能够从用户的社交关系链和社交信息等，更加精准地判断用户的特征和喜好。

当用户再次使用产品的时候，系统就会优先推荐用户感兴趣的新闻资讯，吸引用户阅读的欲望。并且这种个性化的内容推荐是一次比一次精准，这样不仅能让用户以最快的速度找到自己喜爱的话题，减少了筛选海量信息的时间成本，还能让用户对产品产生亲切感和依赖性，仿佛在无形之中拥有了一个专属于个人的资讯管家。也正是因为这样，“今日头条”的用户黏性目前已经居于行业前列，有数据显示用户平均每天打开客户端的市场接近60分钟，这个成绩已经远远超过了其他竞争性产品。

“今日头条”的内容推荐是一种个性化的推荐机制，也就是说从用户个性化需求出发，尽量保证将对的内容推荐给对的人。这样不仅能为用户获取自己感兴趣的信息提供了高效、方便的渠道，让用户能够越来越快地找到想要的数据，还能够帮助用户发现自己潜在的需求和兴趣，使用户对产品的好感加深。

由此也可以看出做好内容推荐的重要性，而这需要运营人员对内容标准把握到位，既要甄别、筛选出优质内容，又要对产品各个推荐位置和推荐效果了如指掌，从而可以更好地制定适合产品的内容推荐机制，对用户普及和倡导产品价值观，挖掘出具备成长潜力的用户。当然，能够做到这些并非一朝一夕之功，从零开始的新手运营人员往往需要经过长时间的积累才能达到要求。下面介绍一些简单有效的内容推荐方法供大家参考。

1. 推荐与用户兴趣相似的内容

这是一种最为简单的推荐方法，也是比较常用的方法。就是从用户感兴趣的内容出发，将其特点以标签的形式标注出来，这种标签往往越细致，全面效果越好，它们代表了用户兴趣的核心关注点。运营者获得了标签之后，就可以根据标签寻找和匹配与用户兴趣最为相似的内容，再将它们推荐给用户，就很容易被用户接受。

如用户喜爱的游戏《大话西游 2》，是一款 MMORPG 玩法的回合制 PC 游戏，画面为 2D，画风经典、唯美，根据“MMORPG”“回合制”“PC”“2.5D”“经典”“唯美”这几个标签可以匹配出的相似游戏有《梦幻西游》《问道》《御剑红尘》《画江山》等，运营者可以尝试将这些相似的游戏推荐给用户，能够引起用户的兴趣，并吸引他们点击试玩。

2. 用“订阅”功能满足用户的个性化需求

“订阅”功能能够避免用户漫无目的地浏览网页却找不到自己感兴趣的内容的问题，而且还能够满足用户获取特定内容的需求。因此现在很多产品特别是新闻资讯类的产品都开通了内容订阅功能，与个性化推荐相辅相成，能够更好地满足用户的个性化需求。

“网易新闻”“搜狐新闻”“新浪新闻”“凤凰新闻”“一点资讯”等产品都提供订阅功能，用户可以在客户端选择订阅自己感兴趣的频道讯息，下次进入客户端时就能更多地看到这方面的相关内容，减少了用户四处搜索的烦恼。用户在使用“一点资讯”时，选择添加频道，就可以看到“热门”“商业职场”“旅行”“美食”“财经”“汽车”“人文”等十多个频道大类，其中每一大类又细化为许多子频道，几乎涵盖了用户兴趣的方方面面，用户可以挑选自己最喜欢的子频道，选择订阅，下一次打开客户端看到的就是自己最感兴趣的讯息了。

3. 推荐同类型用户感兴趣的内容

这种方法也是通过标签匹配的方式实现的，只是打标签的对象由内容变为了用户本身，也就是根据用户在注册时填写的资料、使用产品时发生的历史行为等，给用户挂上不同的标签，再根据这些标签找到同类型的相似用户，将相似用户喜欢的内容进行推荐。

用户在淘宝购物时，将自己中意的商品添加到购物车时，就会看到购买过这款商品的其他用户还购买了哪些其他商品，因为兴趣有一定的重合点，所以这种推荐会让用户产生点击并一看究竟的兴趣，无形之中促进了连带购买行为。

4. 基于用户之间的彼此关系推荐内容

每个用户都有自己的社交圈子，好友在关注什么、评论什么、购买什么都能够引起他们的一定兴趣。因此，运营者也可以将这种关系运用到内容推荐上，想办法通过用户的单向或者双向关注功能创建用户与用户之间的关系，再依靠用户关系实现内容的推荐与传播。

新浪微博的首页设有“好友关注动态”，其中用户赞过、评论过的博主以及好友共同关注的博主都会在其中进行推荐，吸引用户点击关注；同样，知乎的动态栏里也会显示用户所关注答主的提问、回答、评论、赞的动态和内容等。这种推荐方法不仅能够让内容在用户之间“活”起来，还能够促进用户与用户的互动，打造良好的社区氛围，让用户流连忘返。

5. 推荐用户可能感兴趣的热点内容

互联网信息的更新速度是惊人的，可能每时每刻都会出现热点消息，因此推荐给用户的内容也要求新求快，除了要符合用户的兴趣和需求外，还要注意时效性，如果总是让用户阅读陈旧的内容，就会降低用户的体验度。

在新浪微博，用户最感兴趣的应该就是各种热门话题了，它几乎涵盖了当前引起全网用户热议的各种内容，包括社会、娱乐、科技、财经等方方面面。为了满足用户对时效性的追求，微博还设置了“话题榜”栏目，1 小时以内到 24 小时以内的热门话题基本做到一网打尽，其中不少话题阅读量都超过了 10 亿。不仅如此，用户还可以根据自己的兴趣选择阅读或参与讨论各个频道的最热话题，如本地频道、社会频道、科技频道、数码频道、明星频道等 30 多个频道，这些最新最热的信息让用户感觉自己走在社会的前列，满足了他们求新求变的心理。

6. 用推送和通知引导用户发现优质内容

除了以上几种方法外，运营者还可以周期性地甄选出一些高内容质量，通过各种方式将这些内容推送给用户。推送的方法不一，运营者可以根据过往的推送数据（如到达率及转化率等）选择通过站内消息、弹窗、客户端消息、邮件等渠道让用户注意并点击进入这些优质内容。

为了让推送起到比较理想的效果，运营者还需要用心撰写文案，这类文案一般可以采取亲切、简明、有趣的风格，并注意贴近用户的心理，对用户产生吸引力，但要坚决避免使用过激的词语，以免引起用户的反感。另外，还要注意推送的频率，不可过于密集，以免造成对用户的打扰，反而会造成反效果。

整合优质内容以打造口碑

随着产品的发展壮大，每天都会产生数量很大的内容，这些内容看上去都是彼此独立的信息，但运营者可以找到一些优质内容中的共性、联系，将它们进行分析、整合，形成系统性的内容集合，再呈现到用户眼前。这个工作可以更加全面高效地选择、配置、组合优质内容，方便用户找到符合自己口味的信息集合，提高传播的效率，而且还能使内容增值，体现出产品的专业性和价值，有利于打造产品口碑。

内容整合的类别很多，有“分拆法”“聚合法”“专题汇总法”等。“分拆法”就是将包含多个主题的原始稿件打碎分篇，成为更加易于用户进行“浅阅读”的简单文字，这种方法不是对原始稿件的简单删减，有时需要适当增补、修改文字，使分拆后的每一篇文字都有完整的结构，并更加易于用户理解。

“聚合法”则是把某一专题从多个渠道收集尽量多的信息，然后将各方的观点、立场、意见聚合而成一篇文字，并加入自己的分析，体现出自己独特的视角和观点。这种聚合法需要运营者有收集和把控多渠道信息的能力，并且能够结合自己的知识积累和深入思考，才能产生出更加精彩并令用户信服的内容。为了增加可读性，运营者还需要适当插入图片、图表、短视频、音频、动画等以体现内容的丰富性和科学性。

“专题整合法”也是对多渠道的优质内容进行收集、整理，区别为最后生成的是稿件的结集而不是单篇稿件。这种整合内容的方法通常用于某些热点话题或用户特别感兴趣的话题，通过大量丰富信息产生强大的合力，因而更能够引起用户的关注，可以让用户产生信息充实、权威的感觉。

2016年9月4~5日，二十国集团（G20）领导人第十一次峰会在中国杭州举行，这也是中国首次举办首脑峰会。各国领导人齐聚杭州，为推动发达国家和新兴市场国家之间的实质性问题进行开放而有建设性的讨论和研究。这一事件引起了中国社会普遍关注，一时之间，人们都将目光投向了杭州，与峰会有关的每一条讯息几乎都成为了国人热议的焦点。

针对这种情况，“凤凰网”的“凤凰资讯”频道迅速做出反应，推出了新闻专题“钱塘江边看潮头”，如图 2-5 所示。在专题中，用户不仅可以看到与峰会有关的实时滚动新闻报道，还能够参与评论，发表自己的看法和意见。凤凰网以全面的视角从全网收集到所有用户关注的内容，如会议的日程安排、参会人员、讨论议程等，还有各国领导人的表现以及峰会中发生的一些有趣的花絮等，这些新闻信息图文并茂，丰富多彩，其中对美轮美奂的峰会文艺演出的全程回顾更是获得了用户的广泛好评。

为了体现出新闻媒体的专业性，凤凰网还在专题中策划了漫画《G20 是干吗的?》，用诙谐有趣的方式向不熟悉 G20 的用户做了一次知识科普；此外，还有深度观点性的栏目《高端访谈》等，邀请专业人士以严肃认真的态度深入剖析了 G20 影响下多国关系的变化，这些内容满足了高端用户的需要，受到了他们的欢迎。

该专题从 8 月推出以来，一个多月的时间内已经有超过 190 万用户参与，并留下了超过 17 万条评论，其中最热门的评论下用户推荐数量接近 8500 个。

图 2-5 凤凰网 G20 峰会专题

在上述案例中，凤凰网采用的内容整合方法就是“专题汇总”法，将同一个热点话题的诸多优质内容进行整合，并注意到各种层次的用户的不同需要，既有浅层次的“八卦新闻”，也有深层次的“新闻精读”，给用户制造了一个高质量内容的入口，还引发了他们主动参与、进行观点碰撞的激情，因而能够取得成功，并赢得用户对凤凰网的认可和支持。

很多资讯类网站也经常采用凤凰网的这种做法，但并不一定都能收到如此理想的效果，究其原因，主要还是因为没有掌握好内容整合要注意的一些原则。那么，在做内容整合时需要注意以下几个方面。

1. 从宏观角度出发搜集和解读信息

内容运营与内容编辑毕竟有所区别，编辑只需对自己的“一亩三分地”负责，而运营做内容整合时则需要有战略性全局思维，考虑到最终的呈现效果以及用户可能获得的感受。因此，在做整合前，运营者需要借助网络及其他现代化工具全面搜集尽可能多的相关信息，并进行深入的思考和研究，只有在此基础上才能做到去粗取精、去伪存真，将重合的信息精简，将疏漏的信息补齐，将相关的信息组合，打造出新的信息集合，实现内容的增值。

想要策划一个内容专题，需要先选择好目标人群。如果时间充足的话，不妨从各个渠道做个小调查，了解一下用户的偏好。然后设计出专题的信息框架，从整体的角度出发，大量搜集相关信息，并逐渐填充到框架中，最后进行内容优化并设计精美的首页，整合的工作就基本完成了。

2. 突出真实性、时效性

在整合来自其他渠道的内容时，一定要遵循真实性的原则，即只使用经过核实的内容。原有内容中出现的数字、图片、表格、观点等一定要反复确认其真实性、准确性，避免以讹传讹。有的运营者缺乏责任意识，一味想着博取眼球，随意采用一些明显离奇、虚假、夸张的内容，这种做法可能在短时间内能够带来流量的虚增，但长期如此就会影响用户的观感，并会使平台的权威性、专业性严重受损，产品口碑一旦遭到破坏，想要挽回就十分困难了。更严重的是，如果不加审核使用了违反法律法规的内容，还可能引起法律纠纷，给企业造成不小的麻烦。

除了真实性外，还要注意内容的时效性，网络上的信息更新极快，在采纳时一定要审核内容的时效，如果不小心用上了陈旧过时的信息，就可能闹出笑话，还会给用户造成不好的印象。

3. 优化形式的同时更看重内容

很多运营者在进行内容整合时非常看重形式的美感，盲目改变原有信息的结构，改头换面、大动手术，或者加入与文字关系不大的图片等，结果生成的内容看上去不伦不类，用户的阅读体验也很不理想，反而失去了内容整合的原有意义。

事实上，在进行内容整合时，形式固然重要，但关键还是在内容本身。无论是对信息进行结构调整还是增加各种多媒体手段，都是为了打造出更有价值、更受用户欢迎的内容，因此运营者切勿本末倒置。特别是在使用图片、视频、音频、动画等多媒体手段时应当尽量慎重，如果对内容的表达没有多少帮助就应当避免使用，切忌将内容整合变成了“炫技”的阵地，将花哨的页面、空泛的内容呈献给用户，使用户产生强烈的反感。

4. 集合常规内容打造成品牌栏目

现在不少产品都在使用这种方法打造自己的“招牌”栏目，例如百度贴吧的“热狗说”“人民吐槽日报”等，就是通过热点话题为引子，整合用户最感兴趣的内容，吸引用户进行热点评论的栏目，其中“人民吐槽日报”从2014年开始运作以来，已经策划超过100期，累计阅读量突破1000万。这些整合后的内容已经成为了产品的代表性栏目，提升了用户对产品品牌的好感和认知。同样的例子还有网易的“轻松一刻”、豆瓣的“豆瓣一刻”、果壳网的“果壳精选”、百度百科的“V百科”等，它们通过对优质内容的收集、汇编，形成了短小精悍、新颖有趣的新内容，在吸引用户的同时也大大提升了产品的竞争力。

上述几种方法是从运营者的角度进行内容整合，除此之外，运营者还可以鼓励用户自主进行内容整合，将自己感兴趣的信息进行归类、整理，形成个性化的专题，再由平台推荐给其他用户。这方面比较有代表性的例子是豆瓣的“豆列”功能，用户可以将自己看过的电影、电视剧、书籍等加上简单的评语，分类收藏进自己创建的“豆列”中，并为每个“豆列”起一个有趣的名字。而当其他用户在豆瓣上搜索某部影片或电视剧时，页面右侧就会出现“以下豆列推荐……”的提示，吸引着用户点开获得更多的内容信息，在促进信息传播、打造产品口碑的同时也活跃了平台上用户与用户之间的关系。

摆脱“内容同质化”的发展瓶颈

从零开始的运营新手们无论做什么样的产品，总难免会遭遇“内容同质化”的难题，产品内容看上去基本雷同，文字几乎完全克隆，观点视角十分相似，图片更是千篇一律，这样的同质化内容让用户根本无法区分和辨认，不能留下深刻的印象，无法对品牌形成认知，久而久之，还会造成流量下降、用户流失、产品影响力严重下滑的后果。

在现今信息爆炸的时代，内容同质化的问题却屡屡出现，主要还是因为运营缺乏自己独立的视角和观点，盲目追求点击率，毫无底线地追逐、跟风热点信息，再加上“克隆”现成的内容速度快、成本低，而且目前这方面的维权程序又比较复杂，所以抄袭化的“转载”“模仿”蔚然成风，生产出大量重复性没有实用意义的信息垃圾，导致用户抱怨不断。

2016 年春节期间，一条“上海女孩逃离江西”的帖子在网络上引起了大规模的热议。该网帖最早发表于“篱笆网”社区，主要内容是一名年轻上海女孩陪自己的江西籍男友回农村老家过年，结果却无法忍受艰苦的生活条件，并被一顿极为简朴的年夜饭吓得决定分手并连夜返回上海。为了佐证自己的言论，发帖人还将黑乎乎、脏兮兮的晚餐图片公之于众。

此事件在网上持续发酵，引发热议。其中蕴含了“城乡差异”“贫富差异”“门当户对”“凤凰男”等人们普遍关注的话题，因而传播异常迅速，引来了无数网友的围观和讨论，一些主流媒体、微博知名大 V、微信公众号未做调查就进行了转发，更是起到了推波助澜的作用，相关新闻超过 50 万条，在社会上引起了比较强烈的恶劣影响。

在“江西年夜饭”照片火遍全网的同时，很多网友渐渐对这种铺天盖地的重复宣传产生了反感，一打开微信朋友圈就看到相关信息刷屏更是让不少网友十分无奈。其后，也有一些清醒的媒体对此发出了质疑的声音。“澎湃新闻”的几名记者通过调查发现照片并非现场拍摄，而是经过处理的虚假图片，而且原帖也根本找不到具体的地点和真实的人物，事后虽然有当事人通过微博做出了回应，但该微博账号经核实也是一个营销号，其发表的信息的可信度令人怀疑。

最终，网络部门证实所谓“上海女孩逃离江西”从头到尾都是虚假内容，是一场人为策划的营销骗局。在此事件中跟风传播虚假内容的不少平台这才恍然大悟，纷纷发表公告信息声称消息有误，但其公信力和品牌影响力已经大受影响。

上述案例中这种荒唐的事件在如今的网络宣传中并不少见，很多内容运营者缺乏正确的价值观判断，也没有形成规范的内容生产流程和纠错机制，一味模仿、抄袭、克隆，却没有自己的新观点、新创意，导致内容同质化、庸俗化严重，却缺乏精品内容和核心化、专业化的信息，这种大量同质化的产品除了浪费资源外，还会损害用户体验，降低品牌价值。

为了改变这种局面，运营者在策划内容时应当避免做浅表的信息采集，而应当做纵向的深入挖掘，从而更精准地面向用户，提供更专业的内容，从而走出一条新颖、独立、有特色的差异化发展道路。

1. 不要迷信点击率

点击率、转发率能够在一定程度上体现出内容的价值，但运营切勿因此落入迷信点击率的误区，将吸引用户点击视为唯一的奋斗目标，不断地追求哗众取宠的宣传手段，不加选择地推荐一些所谓的劲爆话题，结果难免会陷入“内容同质化”的深渊，而且还影响了产品和品牌的长远发展。

比如个别互联网产品为了迎合人们的猎奇心理，内容呈现低俗化趋势，以明星八卦、奇闻怪事、奇葩恶搞为主，虽然点击量颇高，却给行业乃至广大用户带来了价值判断的混乱，拉低了产品的素质，最终的发展前途可想而知。

2. 不要推动谣言的传播

内容同质化还表现在不加审核、一窝蜂地传播所谓的热点内容，以至于谣言满天飞，造成了社会负面影响，更严重损害了产品声誉。2011年2月，一篇名为《内地皮革奶粉死灰复燃长期使用可致癌》的文章横空出世，经过不少网络媒体跟风宣传后在社会上引起了轩然大波。国人对食品安全的担忧再度被唤醒，伊利、蒙牛、三元、光明等乳品企业股价大幅下跌。事后虽然经过监管部门证实所谓“皮革奶”只是一个谣言，但消费者的信心还是遭到重创。

造成这种严重后果，部分网络媒体难辞其咎，这也提醒内容运营者应当重视对内容的核实与监督，不要为网络谣言的传播煽风点火。运营者对于可能造成严重社会影响的信息在审核、发布时一定要慎之又慎，同时还要注意不能为了博眼球就故意捏造信息或夸张宣传，以免损伤新媒体产品的公信力。

3. 避免过度商业化

有了好的内容，再考虑盈利模式，是一种非常自然的事情。因为有盈利支持，产品才有希望做大做强。但是运营者也要注意，内容过度商业化、同质化、广告化也会引起用户的反感和流失，并会使千辛万苦打造的产品生态闭环遭到破坏。

因此运营者应当把握好内容的商业程度，不要让用户看到雷同化的广告宣传，应当尽量寻找内容生产与商业模式的平衡点，避免过度营销。如用户到豆瓣寻找自己喜欢的图书信息，页面上除了有图书的内容简介、目录、书评等用户需要参考的内容外，还有“加入购书单”的按钮，用户点击即可进入“购书单”，并链接到各大购书网站。在这整个过程中，是否需要继续浏览商业信息的权利交给了用户，完全由用户把控，因而不会受到用户的抵触。与此形成强烈对比的是一些网站充斥着占据页面主体位置的商品图片、牛皮癣广告，以及不停地跳出来的弹窗广告，这些商业内容以简单粗暴的方式干扰着用户的使用，会被用户反感和抛弃也是很正常的。

4. 以尊重原创的态度制作并传播内容

有观点鲜明、深刻的原创内容能够提高产品的调性，提升品牌影响力，而且还能提高被搜索引擎收录的可能，获得更多的免费流量。因此运营者应当尽可能地支持和保护原创内容，可以自己制作也可以寻找行业专家、学者、权威人士提供内容。即使是转载社会普遍传播的热点话题，也要有独立的思考，争取表现出鲜明的态度，以新颖、个性化的内容给用户耳目一新的感觉，而不能不负责任地照搬照抄，或者投机取巧地将别人的内容改头换面就当做自己的内容发布出去，这样只会使同质化的问题越加严重。

5. 不要依赖快消费型内容

所谓快消费型的内容，就是能够吸引眼球，却又缺少实际意义的

“一次性”的信息，像“心灵鸡汤”类的文字、各种笑话段子、星座算命、八卦琐事等，这种内容不会引发用户的深入思考，但又具有一定的趣味性，而且各种媒体类型、渠道类型使用都不会有违和感，因此出现的频率很高，在微博、微信等渠道上甚至有些泛滥成灾的趋势。

对于这类快消费型的内容，在产品运营前期，可以适当利用，它们能够为产品快速引流，带来一些人气。但是如果一直依靠这种内容，就会让产品失去个性和辨识率，也无法让用户形成深刻的印象。产品想要获得纵深发展并占领市场，还是要应当开辟有深度的内容，运营出富有吸引力的新意来。

第三章
有趣的活动最能吸引人

巧妙的活动策划和实施，能够产生爆炸式的效应，为产品带来源源不断的新用户，使产品和品牌的影响力几何倍增。

活动目的导向——拉新、促活、打造品牌

产品已经搭建完毕并上线运营，优秀的内容也逐渐做好了填充，可是用户访问量不高，注册数不尽如人意，这时候就需要活动运营来帮忙了。这是一种非常有爆发力、也是最有效的刺激新用户涌入的运营手段，通过巧妙的活动策划和实施，有策略地吸引用户访问、参与或引导购买行为。再凭借产品本身的价值和优质的内容，不断加深用户对产品的认识并形成口碑，用户雪球就能够逐渐滚动起来，并越来越大。

由此可见，在做活动运营的时候同样应当明确目标导向：引导尽可能多的有质量的用户注册，并想办法让用户不断带来新用户，同时打开用户活跃度并使品牌知名度得到提升。从这一点出发，运营者在准备和策划并实施活动时要考虑品牌因素以及回报率，要根据用户需求选择最佳的方案，才能获得理想的效果。

2015年5~6月，刚刚上线运营不久的滴滴快车APP就推出了“橘色星期一”活动，在活动期间每逢周一，用户前两次使用滴滴快车每单可减免15元车费。也就是说如果用户出行里程数不超过10公里，基本可以享受免费的打车服务。这次以“任性出行”为口号的活动夺人眼球，直击用户周一出行用车的实际需要，并用低价的诱惑吸引着用户亲自去体验，直接感受到滴滴快车便宜、服务到位的优点。

为了让活动覆盖尽可能多的用户，滴滴快车采用了铺天盖地的广告轰炸攻势，通过楼宇广告、电梯广告、电台广播等对活动进行宣传，并不断播放“雷锋歌”，表示活动是为了给用户提供方便，是大公无私地做好事

的行为。同时用户在产品界面上也能看到所有快车图标都被戴上了可爱的“雷锋帽”，打造了令人印象深刻的视觉效果，如图 3-1 所示。不仅如此，在微信朋友圈，滴滴快车还用“程师傅托我给你送红包”的 H5 来提醒用户不要忘记参加活动，几天之后，滴滴快车的“橙色星期一”几乎已经人尽皆知，为了抢先体验活动，注册用户数呈几何增长趋势。

在 5 月 25 日活动当天，全国有超过 215 万用户参加了这次活动，每个乘坐了滴滴快车的用户还会分享红包到朋友圈中，红包的标题就是参与活动的实时数据。与此同时，滴滴快车还通过网易客户端向全社会直播活动盛况，更是引起了众多媒体的关注。

本次活动的效果可谓立竿见影，在活动结束后的第一个周一，虽然滴滴快车已经不再向用户发放车费减免券，但仍然有大量的新老客户选择继续使用滴滴快车，当日订单量达到 200 万，“滴滴快车”的品牌影响力也上升到一个新的高度。

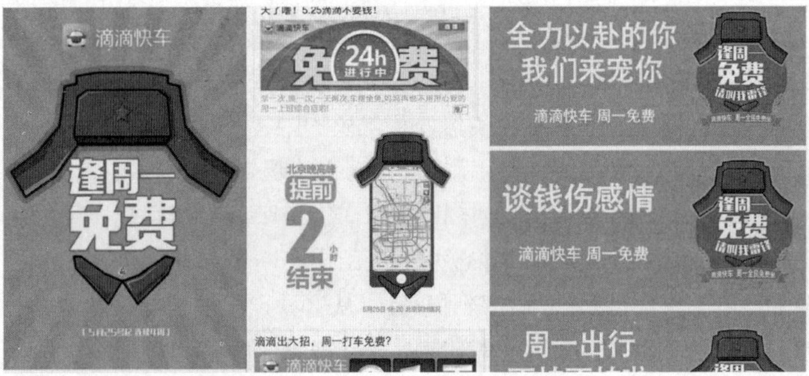

图 3-1　滴滴快车“橘色星期一”活动

滴滴快车的活动运营迎合了用户的需求，强化了用户对于滴滴快车是出行产品的认知，因而能够得到用户的欢迎，同时也实现了活动运营的目的，吸引了用户的关注，并提升了用户的规模，完成了拉新、促活、打造品牌的根本任务。

新手运营在进行活动策划的时候，不妨学习一下滴滴快车的思路，首先确定好活动运营的目的，即保证活动始终围绕内容和用户来进行，根本目标是为了增加注册数、提升活跃度、传播品牌影响力。在目标清晰的基础上才能着手进行活动准备、活动策划、活动执行、活动总结的全步骤。在活动准备的过程中，尤其需要注意以下几点。

1. 以结果为导向策划活动

进行活动运营首先要对活动方向有一个清晰的认知，即为了什么样的结果来策划和执行活动，是想要拉动更多新用户注册，还是要推动老用户消费，拉新的目标具体是多少，促活的目标又是多少。所有问题都应该有清晰具体的数据支持，这不仅是对产品负责，对老板负责，也是为了更好地监督和把控活动流程，避免为了活动而活动，结果却偏离既定目标太远而失去本来的意义。

有了这种认识，运营在策划活动时就更容易确定活动规模、频次等，也能够更好地配置有限的活动资源，实现效益的最大化。如活动方向偏重于拉新，就可以适当降低频次，但规模可以稍大一些，以覆盖更多的潜在用户群；如果是为了促活和打造品牌，则要对活动的质量精雕细琢，具体到活动的文案、图片、流程设置。

2. 努力迎合目标用户的需求

活动要想产生比较理想的效果，就应当从目标用户群的实际需求出发，进行精准的活动策划、推广、宣传，才能吸引用户并积极参与到活动中来。为此，运营人员日常需要做好用户资源的积累，通过积累不同类型的用户并做好细致的分类以确定好目标用户。

运营在策划活动时还可以多多征求目标用户的意见和建议，大到活动方向，小到活动环节，都可以听取一下用户的看法，毕竟活动的受众是用户本身，从用户身上吸收的灵感往往是最有价值的。在活动开展之后，也可以进行精准推送，使活动页面直达目标用户群，并做好有针对性的标题、文案、内容，这样往往会比铺天盖地的宣传更有效果且更节约成本。

3. 充分考虑品牌诉求

活动运营要充分考虑品牌诉求，对活动策划的每一个细节都应当尽量融入品牌因素，才能够让用户对产品和品牌的认知更加深刻，并有助于形成对产品的黏性。反之，如果活动脱离品牌，或者表现不出品牌的特性，就无法在用户心中留下深刻的印象，无法产生长远效益。

比如天猫每年的“新风尚”、“双 11”、“年中大促”等活动无论是流程还是宣传、推广都始终围绕着“天猫”这个响亮的招牌，让用户对天猫形成了一定的消费依赖性，并对这些招牌活动有所期待。反观一些网店进行的活动却没有什么特色，只让用户记住了便宜、实惠的特点，至于品牌是什么用户根本不会留心去记忆，这样的活动能够产生的实际意义就很有限了。

4. 分析竞争对手情况

活动运营的准备工作还包括对竞争对手情况的研究和分析，特别是竞争对手近期所做的活动的主题、效果、成功经验、失败原因等，都可以成为运营者的参考信息。对于竞争对手在活动中的一些好的思路、创意可以进行学习和模仿，但不能照搬照抄；而对于竞争对手在活动中出现的失误，则要提高警惕，避免自己重蹈覆辙。这其中还有一种比较高明的“借力打力”的办法，就是利用竞争对手在活动中表现的不足之处制造话题，通过不露声色的讽刺引得用户会心一笑，从而“炒”热自家的活动。

2013 年天猫商城“双 11”大促期间，销量极其火爆，但由此也给物流带来了很大的压力，很多用户翘首以盼，却久久不见自己的包裹到来，快递不给力已经成了天猫和淘宝商家做活动时面临的最大的“痛”。针对这种情况，老对手京东制作并广泛传播了一条幽默广告，犀利的广告词“不光低价，‘快’才痛快”暗暗指向天猫的物流软肋，虽然有些“落井下石”的味道，但网友们却感觉十分有趣，还争相吐槽，创造了全民话题，也炒热了京东自己的“双 11”活动。

京东的这种做法可以为运营者提供一些思路，但是要注意采用这种方法要注意尺度，不要让讽刺对手变成了恶意攻击，那样不仅会引起用户的反感，还可能违反商业法规，给企业带来不少麻烦。

5. 协调好所有可以调动的资源

举办活动必然需要耗费资源，运营也不可能做出“无米之炊”，因此在活动准备前首先应当做好整合、协调各种资源的工作，这也是对运营能力的一种考验。运营能够调动的资源有哪些？简单来说就是资金、人力、渠道、媒体等。资金、人力的多与少决定活动能够做到什么样的规模，渠道的畅顺、媒体的合作决定活动能够覆盖到多少用户和潜在用户。这些都是运营要面对的实实在在的问题，弄清楚自己能够调动的资源，才能更准确地调整预期目标，保证活动能够顺利开展。

如果现有的资源有限，运营可以想办法争取一些活动参与方的赞助，或者联合其他渠道一起举办活动，同时在策划活动和具体执行时则要精打细算，想办法少花钱多办事。能以最小的投入博取最大的产出，是优秀的运营者必不可少的能力之一。

做好策划案是活动顺利进行的前提

上节介绍了活动前的准备工作，下面我们集中讨论一下活动策划案的形成。好的策划案是活动能够顺利执行的大前提，也是活动运营最关键的部分。一般有经验的运营可能会将活动策划案做成两份，一份是呈现给用户的，可以在产品前段显示的活动报告，可以让用户对活动的流程、规则、时间等有比较清楚的了解，从而能够引起用户主动参与的兴趣；另一份则是内部使用的标准策划案，除了活动的方式、时间外，还要对推广渠道、经费预算、预期效果等问题有清楚的描述，以方便各部门配合执行。

下面以简单的策划案模板为例进行介绍，实际操作时可以根据具体情况对所列举的项目进行增减。

活动策划案模板

1. 活动主题

活动主题是用简练的一句话或几个字概括活动的基本内容，应当响亮、诱人，在宣传的时候才更容易发力，也能够给用户留下深刻印象。像滴滴快车在2016年推出的“打开车门就是家门”的春运回家活动就是一个比较好的主题。

2. 活动对象

活动对象为活动针对的目标群体，是吸引新用户关注还是欢迎老用户回归等，只有目标明确才能在活动执行时做到有的放矢。比如2015年的网络游戏《梦幻西游》在老玩家回流活动中就明确规定只有7天、14天、21天、28天（现实时间）未登录游戏的，且等级≥60级的人物角色才能参加。

3. 活动目的

活动目的为活动要达到的目标，一般需要列出具体的数据指标，不过一般单个活动只要达到某一特定目标即可，不宜贪多导致活动流程和数据统计变得更加复杂。比如以“拉新”为目的的活动可以将目标定为“预计新增注册用户数×××人”；而已提升“转化”为目的活动可以将目标定为“某时间段内用户 ARPU 值提升到××元”，诸如此类。这些指标应当结合同类或往期活动的数据作为参照，进行合理放大而制订出来。

4. 活动时间

活动时间为整个活动开展的时间，在做策划案时可以具体到每个阶段需要的时间，如准备期、活动期、结束期、奖励发放期等，但是总计时长不应拉得过长，以免引起用户疲劳、烦躁情绪。一般建议总时长不要超过 15 天。

5. 活动流程

活动流程包括活动以什么样的形式开展，用户如何参加、如何操作，使用什么样的规则进行评奖，等等。对于这部分一定要合理设置，尽可能解决用户的困惑，同时也能让产品开发对自己的工作心中有数。

6. 推广渠道

推广渠道为活动如何宣传，通过哪些站内或站外的渠道到达用户的问题。相关的渠道资源应当在活动上线前就准备好，之后上线排期、资金统筹、数据监测的工作就可以有条不紊地进行。一般站外资源费用较高，但转化率比站内更好，所以二者应适当结合，缺一不可。

7. 资金预算

资金预算即对于活动所需要耗费的资金的预估，应当详细列出项目及各项的预算，数字不用非常准确，但能够让老板大概了解活动的规模和可行性，也有助于为运营者争取到较多的资金支持。

8. 风险预估

线上活动不可能完全避免风险的存在，比如系服务器超出运行能力导致活动无法正常运行、不法用户利用活动漏洞刷奖励等，谁也不能保证不会出现突发状况，因此运营者应当具有风险意识，提前与参与活动的各部门沟通，做好风险评估并准备好解决方案，避免出现措手不及的情况。

9. 效果预期

活动的预期效果可以从参与用户数、下载量、页面浏览量、独立访客数、转化率等数据来进行考量。在活动执行中还可以分阶段进行效果评估，如果发现与活动目标差异较大，则应当想办法调整活动细节。

运营在进行活动策划的时候，还有以下几点注意事项。

1. 活动要体现出创意和灵感

能够产生火爆效果的活动往往都有一个颇具灵感的创意，运营者应当开动脑筋，并多做调研，揣摩竞争对手的做法，研究用户关注的热点，由此打造好的活动创意，让活动产生事半功倍的效果。

2015 年，大众点评推出了 917 吃货节活动，如图 3-2 所示，这次活动联合全国 146 个城市的知名餐饮商户如永和大王、上海小南国、小肥羊等推出了各种免费吃、半价买单、现金红包等节日福利，称为“吃货”的用户们被风趣幽默、充满创意的广告宣传吸引，踊跃参加活动，至活动截止日成交额已经突破 10 亿元，全国共有超过 3000 万用户参与了活动。大众点评的这次活动考虑到了用户对餐饮的刚性需求，打造了充满创意的活动如“闪惠”（选择到带有闪电标志的“惠”字商家消费，用餐完毕后只需在大众点评商户页面点击“买单”，输入消费金额，就能方便快捷地完成支付，同时享受低至 5 折的节日专属福利）等，用各种新鲜的优惠形式吸引用户，既提升了合作商户的销量，也打响了自身的知名度。

图 3-2　有趣的吃货节广告

2. 采用新颖的活动形式和玩法

提到运营活动，可能大家脑海中最先浮现出的就是“双 11”“双 12”这样的大规模打折促销活动，其实活动的形式有很多种，具体的玩法更是千变万化，新手运营者平时应当多了解一些常见的活动形式作为积累，在自己策划活动时就可以灵活运用了。比如投票活动、评选活动、征集活动、抽奖活动、游戏活动、兴趣互动、直播活动等，只要能够与活动的目标相符，与产品的价值相称，就可以大胆采用，并加入自己的创新，打造出别具一格的玩法来。

2015 年年底，新浪微博上一个名为#过去的 2015#的话题活动迅速蹿红，这个话题由“时光记”APP 发起，一上线就吸引了博友的关注，用户们纷纷在话题下方发表自己对过去一年的生活感悟，有的用户还晒出了记录下珍贵时光瞬间的照片，短短几天时间，该话题阅读量就突破了 500 万，在 12 月 31 日当天更攀升到热门社会话题榜第 13 名的位置。这次活动采用的就是兴趣互动的形式，从用户感兴趣的“辞旧迎新”的话题入手，结合自己的产品“时光记”记录点滴时光的特点，进行了一次成功的活动运营。

3. 活动描述应当简明、清晰

活动的目的是为了吸引用户，满足用户的某些需求，而不是为了设置难度为难用户，因此活动流程应当尽量简单有趣，对于规则的描述应当清晰而不会引发歧义，让用户不必花费太多心思就能弄明白“在活动中应当怎样操作，完成活动后有哪些奖励”。

有的运营者没有考虑到这些，一味设计些复杂难懂的活动流程，再加上表述不清的文案，不仅让用户感觉困惑，还难倒了其他部门的同事。让他们感觉无从着手，这样的策划案就是不合格的，必须推翻重做，像附加条件、免责条例这样的细则都不宜放在策划书的主体中，可以作为附则加在方案最后即可。

4. 用适度的奖励吸引用户

能够吸引用户参加活动，除了因为活动本身充满趣味性之外，还应归功于相应的奖励措施，比如礼品、红包、纪念品等物质奖励以及提升等级、奖励称谓、开通特权等精神奖励。奖励不一定要设置很高，但一定要与活动和产品本身息息相关，才能起到拉新、促活、打造品牌的作用。

比如新浪微博会为参与某些活动的用户授予相应的勋章如“爱心随行”“ID 之王”“理性爱国”等，虽然勋章看不见摸不着，但在用户看来却是代表着一种荣誉，因此他们也乐于为此而付出时间和智慧，以赢得更多的勋章奖励。

再如支付宝 2016 年春节举行的“集齐五福平分 2.15 亿”现金活动，用户通过手机“咻一咻”或添加 10 个以上好友，向好友索要缺少的“福”，如图 3-3 所示，就可赢得现金奖励，在利益的推动下该活动参加人数空前，成为春节最火爆的活动。

图 3-3　支付宝集福活动

以上几点是运营者进行活动策划时需要注意的问题，至于活动执行时的具体问题需要在实践中逐渐发现并进行调整。 对于运营新手来说，第一次策划活动肯定会有无从着手的感觉，但是拥有一份具体、详细、明晰的运营策划案，操作时就基本不会偏离大方向太远，通过做好策划案，能够关注到活动的每个细节，才能稳妥地把控活动的结果，在这个过程中，运营者自身也一定会有更多的收获。

从下一小节开始，我们将对几种主流活动的策划要点进行具体的探讨，并结合一些成功案例，帮助运营者更好地掌握活动策划的窍门，理清活动运营的思路。

借助热点话题，四两拨千斤

热点话题和事件总是能够引起大众的普遍关注，能够在短时间内达到惊人的传播效果。 运营者也可以考虑借势热点话题，四两拨千斤地进行“炒作”，使活动能够覆盖到更多用户并引起用户关注、参与的兴趣，继而想办法借助活动提升产品和品牌的知名度，使既定的运营指标能够得到快速实现。

通常能够受到社会大众广泛关注或者欢迎的热点涉及方方面面如社会热点、娱乐热点、生活热点、节日热点、热点人物等，其中有正面事件，也有负面事件。 众多的热点事件中并非所有都适合成为活动运营的切入点，关键还是要看是否能与产品和品牌相连，如果联系紧密、自然，就容易获得用户的认同，反之，联系生硬、牵强，则只会让用户觉得反感，并把活动当成是恶意炒作。

2016年8月5~21日，第31届夏季奥林匹克运动会在巴西的里约热内卢举行，这一国际性的体育盛事在国内迅速升温，引起了全民关注。借奥运之势，各大商家的运营部门也纷纷想办法策划各种活动，为自己的产品和品牌大作宣传。其中要以伊利的“千万人活力开动”活动最为引人注目。

伊利以“奥运不围观”的主题开启了品牌营销，作为营养、健康的乳品提供者，伊利号召赛场之外的每一个人都能积极参加运动，挥洒汗水，享受健康新生活。在“千万人活力开动”活动正式开启后，用户点击活动界面之后，映入眼帘的是一段充满活力的介绍海报以及实时的参与人数，图片上“对着屏幕呐喊不如自己上场带感”的口号充满了诱惑力，鼓动着用户继续点击进入参与页面，生成属于自己的独一无二的号码牌，和千万人一起开心运动。这个号码还可以用来参加抽奖，有机会赢得伊利提供的各种奖品。

为了配合宣传，伊利在朋友圈、微博等渠道投放了广告，展示了《和千万人活力开动》的主题视频，视频中用激动人心的音效配合动感十足的画面，结合不时刷新的参与人数数字对用户形成了一种强暗示，最后用简练的广告语“伊利用营养支持你活出活力投入今天”，完成了对品牌印象的美化和升华。在这支广告以及其他宣传文案的配合下，再加上当红体育明星的代言，如图3-4所示，使得这次活动迅速传遍了互联网，吸引了大量用户围观、参与，也让伊利这个品牌再度脱颖而出，美誉度和影响力获得大幅提升。

图3-4　伊利“和千万人活力开动”活动

伊利对奥运热点的借势可以说是非常巧妙而又有效的，从大众关注赛事、渴望参与的激情出发精心设计了充满吸引力、门槛低、容易参与的活动，因而赢得了用户的青睐。同时，伊利的活动运营又将“品牌特点”“当前热点”“用户心理”互相融合，将用户的目光从热点引回到自身的品牌上，从而让热点变成了品牌增值的助力。

借助伊利的成功案例，运营者至少可以学到以下几点经验。

1. 做好热点信息的分析

热点事件层出不穷，其中不乏刷屏级别的火爆话题，运营者可以通过搜索引擎、微博、论坛、新闻门户、线下媒体等进行搜集和比较，不过其中的一些热点是否值得跟踪，还需要运营者仔细斟酌。例如，2015年7月闹得沸沸扬扬的“北京三里屯优衣库不雅视频”事件在短时间内引起了大量网民围观，微博段子手们更是添油加醋，使事件影响急速扩大。在这种情况下，一些品牌商家抓紧时间借势营销，用低俗、打色情擦边球的方式吸引用户注意，结果遭到了有关部门的批评和处罚，事后这种宣传活动大都已被删除干净。

由此可见，运营者在策划热点活动时应当保有自己的底线，坚决杜绝违背价值观的恶意炒作，这种炒作即使能够取得一时的效果，也会对品牌造成难以弥补的损害，所以运营者要学会爱惜羽毛，判断清楚什么事件值得做，什么事件不值得做。此外，热点话题是否具有足够的影响力也是要经过分析的，能够借势的最好是现象级的覆盖范围极广的热点事件，这样借助事件本身就能达到一定的宣传效果，可以节省下不少的营销成本和渠道资源。

2. 剖析热点和产品及品牌之间的联系

能够用于借势的热点话题，应当是与产品和品牌有较紧密联系的，但有时这种关系需要经过运营者深入发掘才能展现出来。为此，运营者可以对热点进行透彻的分析，将所有与其相关的关键词列举在一张纸上，比如“里约奥运会”的关键词可能有“运动”“健康”“活力”“激情”“金牌”“荣誉”“巴西”“旅游”等，掌握了这些关键词，便可以将它们与自己的产品风格和品牌特色一一对比，找到其中契合度最高的，就可以作为活动运营最可能的切入点。像“健康”“活力”等关键词就与伊利品牌的关联较强，因此伊利的活动运营也是极力向这方面靠拢并取得了成功。

3. 考虑最有效的发布渠道

研究发布渠道有助于让活动更快更有效地到达目标受众。一般宣传活动的渠道很多，像新浪微博、微信朋友圈、微信公众号、QQ 空间、百度贴吧、电视、纸媒等都是常用的发布渠道。但是运营者要考虑到成本的因素，选择最经济的方式进行传播，而这就需要对目标受众格外了解，比如活动的目标人群是 18~30 岁的年轻人，发布渠道就可以较多地偏重于 QQ 空间和百度贴吧，因为那里聚集的年轻人比较多，信息的接受和传播都会相对容易，而且推广费用很低，比较符合成本最小化的要求。

4. 精心打磨诱人的文案

活动运营能否成功，文案的力量不可小觑。无论是活动入口还是活动宣传海报、软文等都应当有吸引用户的亮点，比如伊利在奥运活动中的海报文案“你的努力要配上你的梦想”“你的双腿要追上你的野心”“你的行动要证明你的热爱”就做到了与热点事件契合，并且具有一定的煽动性，能够引发用户的好奇心，让他们想要一探究竟，看看到底是什么样的活动。类似伊利海报的这种文案不能过长，但一定要精心打磨，才能在一瞬间击中用户的心灵。

另外，在编写文案时，运营者还可以用优美的语言将用户想说的话、想要表达的心情写在文案中，去打动用户，让他们有所触动，那么他们就会自觉自愿地参与活动并在自己的交际圈子里进行传播扩散。

需要提醒的是，热点事件虽然容易火爆，但效应却很难持久，通常一个热点的有效期可能短至 24 小时，如果运营者不能抓住机会做出快速反应，就会错过做活动的大好时机。而且从分析热点到拿出方案再到具体的开发制作都需要一定的时间，所以运营者一定要把握“快速”原则，即快速策划、快速发布、快速执行。

总之，热点活动运营，就像是一场没有硝烟的战役，运营者只有争分夺秒，越早使活动成功上线，才能越有利于后续的传播，并有可能先声夺人，走在竞争对手的前面，获得效益的最大化。

适当让利，舍不得孩子套不住狼

活动运营的有效手段除了借势热点外，还有对用户适当让利。这种做法主要是考虑到用户大都有追求实惠、贪小便宜的心理，运营者由此切入打造富有吸引力的活动，更容易直击用户内心，赢得他们的关注和积极参与。

回顾近几年在互联网上迅速成长的很多产品，大多都采用过让利的方式获取新用户、盘活老用户，并顺势提升品牌的影响力。甚至有的竞争性产品还为此各出奇招，激烈比拼，比如滴滴快车、快的打车、优步之间的补贴大战就是一例。可以说运营者们为了迅速在市场占据领先地位，拿出了孤注一掷的精神，高密度投入资金，对用户给予最直接的实惠，借以获得用户以及养成用户对本产品的使用习惯。不过这样的“烧钱补贴”还是存在较大的风险，有可能加速资金链断裂，并催生了平台刷单的乱象，并且用户也并不会仅仅因为补贴力度大就选择某产品。因此这里并不提倡这种过度让利的方式，让利应当适度、巧妙，要做到“走心”、到位，才能取到理想的效果。

2016年中秋节期间，在某外卖平台上，一家快餐店举办了一次让利活动。一名新用户进入了活动页面，感觉菜品价格比较实惠，而且当天有“买套餐立减2元”“养生堂8折”等活动，吸引着用户进行消费。但是该店规定消费满20元起送，因此用户很自然地开始挑选菜品并想办法凑单满20元。但是在支付时发现还有“在线支付满29元减10元”的活动，付款金额一下减少10元，显然更加实惠了，于是用户停止支付，继续想办法凑满至少30元（为什么不是29元呢，29−10=19元，无法满足起送金额）。

在用户第二次挑选菜品的时候，很容易就会发现包含两菜一汤的套餐售价31元，这正是用户需要的产品，用户怀着兴奋的心情将套餐加入购物车，却又发现在自动享受了“减2元”和“减10元”的优惠后，金额又达不到起送的标准了。

“这可怎么办呢?”用户在感觉遗憾的同时又不舍得关闭页面，因为这个价格确实很诱人。幸好这时购物车出现提示：“购满45元加送一份养生汤”，用户算了算这个账，感觉还是非常值得的，于是高高兴兴地又加购了菜品，凑满订单45元，完成了付款，实际支付了33元。

在上述案例中，快餐店的让利手段应该称得上是比较高明的，用户本来可能只想购买一顿十几元的简餐，但是商家规定了起送金额，用户便一步步落入了商家的“圈套”，从满“29减10”到“买套餐立减2

元”再到“满 45 元送汤品”，层层诱导、步步为营，最终用户买下了比预期更多的商品，心中却有合算、实惠的感觉。如果菜品口味和后续的服务态度又能够让用户感到满意的话，这名用户就很有可能成为该快餐店的回头客，甚至还有可能成为忠实顾客。

案例中的让利活动主要是通过减价、打折来实现的，这也是最为常见的让利方式。除此以外，还有以下几种方式可供运营者在策划让利活动时选择。

1. 买赠让利

就是用户在购买某商品时按照某些规则可免费获赠同样的商品或其他商品，比如“买二送一”“买 A 送 B”等，也是比较常见的一种让利方式。因为能够让用户感觉获得了一种额外的馈赠和实惠，所以用户对这种让利方式非常欢迎。

亚马逊平台的买赠促销活动如“图书购买 99 元赠新书”等就是比较典型的例子，用户可以将促销活动中的图书和赠品书籍同时加入购物车，再将促销页面提供的优惠码输入订单确认页面，用以抵扣赠品书籍的金额，最后付款就可以获得免费的赠品书了。

需要提醒注意的是，“买赠”的赠品应当与产品的功能、特征及品牌内涵相吻合，并且确实具有一定的价值，才能起到借势宣传的作用。而且赠品在发放方式上可以适当增加一点获取的难度，比如购物满足多少金额才能获得，这样会让赠品在用户心中的价值有所提升，让利活动的意义也才能得到体现。

2. 免费试用

顾名思义，就是允许用户无须支付任何费用就能对产品进行体验的让利方式。通过这种方式能够打消用户对产品的疑虑，推动新产品迅速进入市场并打响品牌。一般免费试用需要用户提交试用报告，与其他用户分享对产品的体会，并给出中肯的建议。出于“占了便宜”的心态，用户大多会用认真的态度撰写报告，并主动配发实拍照片等，由此产生的一批高质量的报告能够提升产品的人气，增强其他用户的购买信心。

现在越来越多的试用网站正在互联网上兴起，如淘宝试用中心、试客联盟、第一试用网等，运营者借助这些平台推出试用活动还可以顺便收集目标用户的年龄分布、收入状况、意见建议等大量数据，对个性化推广、精准化营销有一定的帮助。

3. 优惠券让利

用户完成一定消费金额或消费后发表了评论等，运营者都可以设置活动给予用户红包、优惠券之类的优惠，这样用户再次消费时只要出示优惠券或选择使用红包抵扣，就可以享受到相当于优惠券面值的折价优惠。这种方法能够向目标用户传递优惠信息，可以起到吸引用户、促进销售、提高市场占有率的作用。

在具体执行时，这种让利方式如果能够和用户的社交圈子相结合，拉新和宣传的效果就会更好。例如，在外卖订餐平台“饿了么”的“分享红包”活动中，用户在点餐以后可以将优惠券分享在微信朋友圈中，朋友点击领取之后即可享受点餐优惠，如此一来，让利活动通过朋友圈的传播，受众面积不断扩大，还能不断带动更多新用户的参与。

4. 积分让利

很多社区类的产品都有自己的一套积分系统，在用户发生登录、回答问题、发布内容等行为后都会给以少量积分的奖励，当积分累计到一定分值后，就可以用于兑换实物或虚拟奖励，这种积分体系能够提升用户活跃度，增加他们的停留时间，提升他们对产品的黏性。

运营在策划活动时也可以从积分入手，如用户在活动中完成某任务一次就可以获得大量积分，这样兑换奖励就会变得更加容易，用户才会有获得了优惠的感觉，参与活动的热情也会变得高涨起来。

在实际操作时，运营者可以根据具体条件单独使用上述任意一种让利方式，也可以在大型的活动中综合采用其中的几种。不过需要注意让利活动的规则要尽量简单易懂，方便用户操作。而且让利应当尽量给用户一些实在的好处，不要作虚假的促销，有些有投机心理的运营者在活动之前策划将产品价格提高几倍，到正式活动时再通过打折方式将价格调整为原价甚至比原价还高，看上去好像让利幅度很大，但实际上却是一种欺骗性的行为，一旦被用户看穿，后果不堪设想。

游戏化呈现，让活动变得趣味十足

将游戏设计的手段用于活动策划是一种常见的运营思路，与游戏结合的活动内容富有趣味性，能够带动用户“玩”起来，在轻松快乐的氛围中体验产品的魅力，加深对品牌的认可度，从而达到运营者所期待达成的目的。

游戏化的活动特别适合当前的网络消费主体“80 后”“90 后”“00 后”，他们热衷于新鲜有趣的事物，也乐于在社交平台上分享自己发现的趣闻，运营者便可以从他们的特点和需求出发，打造各种游戏般的活动，吸引他们的参与。 即使产品看上去与游戏关系不大，运营者也应当开拓思维，尽量从鲜活新颖的角度出发，让活动显得更加有趣。

2014 年，餐饮业巨头麦当劳与百度地图联手在中国举行了一次为期 10 天的“樱花甜筒跑酷”游戏活动。这次活动是配合麦当劳新推出的樱花口味圆筒冰激凌的市场推广同步进行的，如图 3–5 所示。在活动期间，用户可以通过百度地图客户端的“附近”页面找到该活动，在活动页面点击“开跑 GO!”按钮即可参加游戏，这时页面上将显示出用户与最近的麦当劳门店之间的距离，另外画面中还会显示一个虚拟的樱花甜筒正在融化的倒计时，给用户造成一定的紧迫感。用户只要在倒计时结束前赶到麦当劳门店，就可以获得免费券一张，用以兑换一支免费的樱花甜筒。

为了将活动精准推送给目标用户，百度地图还对各麦当劳门店周边三公里的用户进行条件匹配，利用智能定位和推送技术挑选了部分用户，向他们推送“樱花甜筒跑酷 0 元抢”的信息，吸引了用户的注意。另外，在线上还配合广场舞大妈、美少女战士“跑酷赢甜筒”的搞笑视频，引爆了一轮传播的高潮。

这次活动结束后，据统计活动页面的访问量超过 2000 万，微博、微信等渠道上的阅读量更是高达 7000 万，活动还一度登上了新浪微博热门话题排行榜。无论是麦当劳还是百度地图，都从这次活动中获得了巨大的回报，不仅品牌形象实现了增值，还赢得了用户的关注和好感。

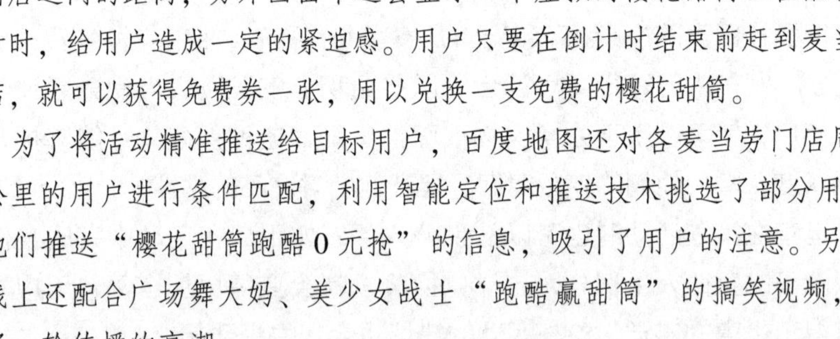

图 3–5　樱花甜筒跑酷活动

在这个案例中，我们可以看到游戏化的活动能够产生的巨大魔力，原本平淡无奇的新品推介活动，经过趣味性的游戏环节变成了一场轰动性的O2O游戏。用户参与其中，不仅能够尝试新鲜的玩法，更通过实际的体验，品尝到了麦当劳的美味，享受到了连锁餐厅周到的服务，更感受到了百度地图的便利和实用，之后就有可能培养起对这两个品牌的好感和黏性，活动的根本目的也得到了实现。

在实际的应用中，游戏化呈现的形式则是多种多样，可以设计成任务挑战、计时游戏、竞赛游戏、抽奖游戏、社交游戏等。无论采用哪一种形式，运营者在策划时都要注意以下几点要求，才有可能让活动取得理想的效果。

1. 有趣味性和吸引力

以游戏化的形式运营活动，首先应当注意满足“趣味性”的要求，为此运营者在活动中应当充分研究用户心理，融入趣味性的元素，以获得用户主动参与的效果。像“成就感”“好奇心”“挑战性”“互动性”等都是可以考虑加入的元素，至于活动本身则不用强调特别复杂的机制，只要能让用户得到了乐趣、记住了产品和品牌就算是达到了目的。

著名的巧克力豆品牌M&M’s在推出一种新口味的时候，设计了一次新颖独特的游戏式活动，并在自己的脸书上公布出来：用户需要从一张图片上的几千颗颜色、大小各异的巧克力豆中找到那款新产品。这个活动非常简单有趣，但想要完成还需要具备一定的眼力，因此也具有一定的挑战性，用户在完成之后都比较有成就感，也乐于将活动再介绍给其他朋友。在短短几天之内，这个趣味活动就通过脸书迅速传播开来，并获得了超过25000人点赞和11000多条评论。与此同时，M&M’s的新产品也得到了一次很好的宣传，并且几乎没有花费什么成本。

2. 操作比较简便

游戏化的活动设计应当考虑用户使用时的实际感受，以简单、直观、便捷为准则，打造无缝化的体验。因此运营者应当注意每一个细节，使用户能够方便地找到活动页面，之后所有的操作环节更要避免复杂琐碎、多步骤、重复操作，特别是需要在手机上操作的活动更应如此。如果操作过于烦琐，用户就容易失去耐心并退出页面，活动也就失去了意义。

某科普类漫画上市时，为了配合宣传，运营者打造了一款“玩游戏赢大奖"的活动，活动以 H5 游戏的形式推出。用户进入活动页面后，只需用手指在屏幕上来回移动，就可以控制漫画主角躲避山洪、泥石流等自然灾害，坚持生存 1 分钟就算成功，之后还可以参与抽奖，赢取发行方提供的奖品。由于游戏操作简便，又很有趣味性，与漫画内容也联系得非常紧密，并且还有奖品的诱惑，因此吸引了不少书迷参加，漫画的知名度也得到了很大提升。

3. 有明确的奖励

用户乐于参加活动，不仅是因为流程有趣或富有挑战性，更是因为各种奖励产生的"利诱"效果，这些奖励不需要价格昂贵，但应当注意与用户体验相结合，使用户感觉到价值，才会更加看重奖励。至于奖励的来源，可以考虑使用公司现成的内部资源如手办、海报、画册等小礼品，也可以是积分、勋章、称号、VIP 会员、点卡之类的虚拟奖励，运营者也可以从外部寻找合作方，找到一些奖品赞助。

运营者在向用户推介自己的活动时，则一定要明确奖励的内容，使用户清楚地知道自己完成任务后可以得到什么，他们才愿意为此付出一定的时间和精力，并愿意将得到的奖励向朋友进行"炫耀"而产生传播效应。因此，很多活动页面都会把奖励放在最明显的头图位置，让用户一目了然，并受到深深地吸引。

4. 使活动进程直观可视

在进行游戏化的活动设计时，进度条是不可或缺的一个重要元素。在用户每次操作之后，通过进度条都可以得到一个即时的反馈，比如进度条前进了一小格，或进度增加了百分之多少等，这能够让用户了解自己还有多少未完成的内容，避免他们在参与游戏的中途因为失去耐心而悄然流失。通常用户会不由自主地被驱使着想要达到 100% 的完成度，这也能够让他们在达成进度后得到一种愉快的成就感。

除了进度条外，还有代表参与人数增加或活动时间缩短的进程观察办法，比如有的活动页面上会有清晰的倒计时图标，能够带给用户一种紧迫感，推动他们尽快加入活动中；还有的活动页面上会有代表参与人数的数字，每当有新用户加入时，数字就会自动加 1，随着参与人数的不断增长，数字也在快速刷新，这样就能打造出一种火爆的氛围，使用户情不自禁地受到群体效应的吸引，参与到活动中去。

故意引起争论，制造爆炸性宣传效果

利用热点话题打造活动可以称为“借势”，而自己主动制造富有争议的话题则是一种“造势”的手段，这种手段在活动运营的范畴中也并不鲜见，它能够引起用户主动讨论甚至是争论的兴趣，让活动在短时间内达到火爆的效果，引来社会普遍关注，增加产品和品牌的曝光率，从而达到以较小的付出制造较强的运营效果的目的。

事实上，能够引起争议的切入点有很多，需要运营者多研究用户心理，多做逆向思维，然后从用户普遍认可的观点反向切入，故意与用户唱对台戏，调动他们参与争论的情绪，当用户迫不及待地提笔加入论战的时候，活动的目标也就达成了一半，之后就是如何将用户的视线导引回产品和品牌的工作了。

比如女性美容护肤品牌多芬就曾经在自己的“真美运动”中故意挑起争议话题，引起社会大众的激烈讨论。一般人们心目中对美丽女性的印象大都是年轻貌美、皮肤光洁、身材窈窕的，可是多芬偏偏要反其道而行之，让一位鹤发鸡皮、垂垂老矣的96岁老奶奶作为活动的代言人，让一张带着皱纹的笑脸通过各种渠道广为传播，这自然会引起热议，虽然有网友认为多芬的做法是哗众取宠，可是也有网友对此表示理解，认为多芬此举恰恰表现了它对女性有足够的尊重，因为美丽无关年龄，即使年老也可以美得大方和优雅。在争论中，多芬大气回应，表示自己一贯倡导的就是“女性真实的美丽，而不是重重化妆品包裹出的幻象”，这种观点为多芬赢得无数点赞，品牌美誉度和全球销量都得到了提升。

上述杜蕾斯与多芬的争议式活动能够成功，与其对互联网信息传播规律和自身品牌的风格调性的把握大有关系，也就是说，可引发争论的活动在策划时应当格外谨慎，要针对自己情况度身打造，并且要与品牌有所关联，同时还要符合相关的法律法规，切勿越位。

另外，运营者在挑动用户情绪的时候需要适度，须知过犹不及，如果超出了用户的接受底线，就只会给产品和品牌带来负面影响。因此在策划活动前一定要再三分析活动传播可能给用户特别是目标用户造成什么样的感受，运营者不妨转变角色，从用户的角度出发去看待这个问题，从而做出正确的判断。

好的策划案离不开精准执行

完成了活动的准备与策划工作之后，就要着手具体的执行工作了，好的执行能够保证活动得以顺利开展。但是现在有不少运营新手觉得只要将活动安排上线了就算任务完成，对执行的情况如何缺少足够的关注，这显然是错误的做法。

一个合格的运营者，不仅要会做漂亮的活动策划案，还要对活动效果有负责的态度，为了确保活动中途不会出现偏离目标的问题，应当时时刻刻都对活动进展密切关注，并用心听取用户的反馈，及时发现问题并对活动的各种细节做出必要的调整。运营者切勿小看小疏漏小偏差，如果任其发展下去，就可能导致活动效果与预期目标严重违背，严重时不但无法实现关键绩效指标（KPI），还可能损害产品、品牌的声誉，引起用户流失。届时运营者需要承担责任不说，公司的各种人力、物力、财力、时间成本的浪费也无从弥补。

2010 年 4 月，肯德基中国公司推出“超值星期二”秒杀活动。在淘宝上架了“超值星期二特别秒杀优惠券”，顾客通过参加免费秒杀活动获得优惠券后，就可以在 4 月的任意一个星期二，到肯德基任何一家门店以半价享用上校鸡块、香辣/劲脆鸡腿堡、全家桶套餐等产品，其中每种产品优惠券为 100 张。

4 月 6 日，淘宝旗舰店分别在 10 点、14 点、16 点进行了三轮秒杀活动，第一轮“上校鸡块”秒杀活动正常进行，顾客持优惠券在门店半价(6 元) 购买到了上校鸡块产品。可是在下午 16 点全家桶秒杀活动后，顾客带着优惠券想要购买半价的全家桶 (32 元)，却遭到了店员的拒绝。面对顾客的质疑，店员轻描淡写地宣布第二、三轮活动已经取消。然而仍有不明情况的顾客纷纷赶来，他们聚集在肯德基门店，与店员展开了激烈争执，影响到了正常的营业。

事后肯德基发表官方声明，认为终止活动并非己方的责任，而是因为在活动中发现了大量假券，甚至在第二轮、第三轮秒杀活动还未开始，就有顾客拿着不知从什么渠道得到的全家桶优惠券到门店消费。而且淘宝上还有一些不知名的卖家在叫卖出售优惠券，导致流传在外的优惠券早已超过原定的 300 张总数好几倍，因此不得不提前终止活动，以避免更大损失。

尽管肯德基试图撇清自己的责任，众多的顾客却并不买账，他们认为自己拿到的并不是什么假券，因为优惠券上清清楚楚写着“可以复印、可以打印”，那么复印、打印后的优惠券为什么不能使用呢？还有一些顾客所持优惠券是从某特价网上打印下来的，以前该网站也提供过肯德基优惠券打印服务，并且能够凭券在门店享受各种优惠，为何这次就不可以呢？

对顾客的这些疑问，肯德基方面一直没有给出有说服力的答复。很多顾客带着强烈不满到处发布“肯德基涉嫌欺诈消费者”的帖子，又引发了网上新一轮的热议。经过一段时间此事件才慢慢平息，但肯德基好不容易在中国消费者心中树立的良好形象却受到了严重破坏。

肯德基的秒杀门是一次失败的活动运营，其失败的主要原因，不在于活动的创意、策划有缺陷，而主要是因为执行失当造成的。在活动进行过程中，出现了不合要求的优惠券，也就是肯德基所说的“假券”，但是肯德基并未告知顾客如何鉴别真假优惠券，也没有给予顾客具体、合理的解释，让顾客产生了被欺骗的感觉。并且券面上的“可复印、打印”等文字也给顾客造成了误解，肯德基本应该及时调整活动细则如声明“打印、复印券无效”等，并对顾客致歉并做好解释、补偿工作，然而肯德基却选择以强硬的态度直接终止活动，无怪乎会引起顾客的强烈不满。

另外这次活动还凸显出一个重要问题，就是企业各部门在活动执行时没有做到互相沟通、良好配合，据调查优惠券在特价网上提前泄露就与肯德基内部协调失误有关，原计划通过淘宝秒杀发出的优惠券被挂在特价网中，还向用户提供下载服务，这也造成市面上的优惠券更加混乱。

研究肯德基的这次失败教训，足以让运营者提高警惕，在活动上线后一定要多做活动跟踪，关注用户参与的每一个细节，矫正活动过程中的每一点失误，并提前准备好备案，一旦出现漏洞可以及时优化调整，防止出现类似肯德基“秒杀门”这样不可收拾的局面。

1. 关注用户参与的情况

在活动进行的过程中，运营者必须每天时刻关注用户的状态，多听取一些用户的反馈，看看他们对活动有哪些建议和意见。如果用户认为活动流程有不合理的地方，运营者应当及时与开发部门联系，在条件允许的情况下及时调整，这样更多新来的用户就会有一个更好的活动体验，参与积极性也会更高。

另外，如果游戏环节有用户产生内容的安排，比如要求用户对活动发表评论并择优给予奖励等，就更需要运营去收集和整理用户的内容，对于优秀的评论可以加精、置顶，这样能够对用户产生鼓励作用，而对其他用户也能起到榜样作用，并能够激发用户参与活动的热情。

2. 从活动数据中发现问题

数据可以帮助运营者更加直观地了解在活动中出现的问题，如从访问量、参与人数可以大致看出活动受欢迎的程度，而从“参与人群构成情况”则可以看出活动宣传是否能够良好覆盖目标群体，另外跳失率以及一些按钮、导航的点击率则能够反映出活动流程的设置是否合理。运营者通过不断地跟踪和分析这些数据，能够尽早地找到活动可以改进之处，并及时作出调整。

比如某产品的活动以H5小游戏的形式推出，用户进入活动页面后，点击“开始游戏”按钮进入游戏页面，点击“下一页”选择性别，还要手动输入名字，再点击“下一页”进入游戏教程，最后才能到达游戏，因为过程过于烦琐，用户大多坚持不到最后，几乎每一步骤都有大量用户流失。运营注意到了这个情况，马上通知开发部门对游戏进行了改动，删除了注册和教程的页面，改为一步进入游戏的设置，结果发现用户流失率大大降低了。

3. 寻找活动中的爆点并借势宣传

活动成功上线，也引来了最初的一批用户参与，但还需要运营再加一把“火”才能让活动出现爆炸性的传播效果。这种引爆的机会虽然很少，但仔细寻找还是有可能实现的。

比如某产品在微博举行“写日志赢奖品”的活动，开始参与人数不多，运营人员为了宣传活动也是伤透了脑筋。没想到这时突然出现了一个意外事件：一名自称是“绝代佳人”的“奇葩”用户上传了一篇行文怪异的日志，其中还附有几张装扮效果堪称“惊吓”的自拍照，引来了大量用户围观、转发、评论，竟然演变成为一个热点。该产品官微发现了这个大好机会，立刻跟进讨论，与用户进行互动，还邀请了那名“奇葩”用户通过直播与大家见面，并趁势为活动进行宣传，结果造成了轰动一时的效果。

像上述这种活动中的爆点属于偶发事件，除了这类事件外，运营者还可以寻找活动举行期间社会上发生的热点事件，想办法引导话题借力宣传。不过要注意选取的热点应当与活动和产品相符，即使有一定争议性，也不能伤害到产品和品牌的形象。

4. 做好活动应变准备

在互联网上执行活动总是充满了各种变数，就像肯德基这样的跨国连锁餐厅也无法避免意外情况的发生。为了不在出现漏洞或遇到危机时束手无策，运营者应该提前准备好备选方案，并密切监测活动执行情况，严阵以待。

比如，活动效果非常理想甚至超出预期，运营者可以考虑适当延长活动周期，并相应地加大奖励的力度，但同时也要考虑到公司人力、物力、财力能否支撑到活动结束；另外，如果提前出现资源不足的情况，运营者应当及时与其他部门协调，或从外部寻找援助，保证活动能够顺利地进行下去；此外，如果发现了活动存在漏洞，一方面要及时更新系统、填补漏洞或者修改、完善活动规则；另一方面应对违规用户做出处罚，而对其他无辜的用户则要做好解释工作，并给以一定补偿，以平复用户的不满情绪。

5. 及时发放活动奖励、福利

很多用户可能会将关注点集中在参加活动能够取得收益上，比如一些带有奖励、优惠性质的活动，因为与用户的利益息息相关，所以他们会比较在意活动的结果，如果辛辛苦苦花费了时间和精力，却没有及时获得预期中的奖品或福利，就可能引起他们的强烈不满。因此运营人员要和其他部门配合，设计好奖励发放机制以及福利兑换渠道。

如果活动是分阶段进行的，那么每一阶段的奖励、福利都应当及时兑现，而且要将结果向全体用户公布，包括用户的 ID、成绩、获得的奖品等信息，以彰显活动的透明和公正，并能够最大化刺激用户的参与热情。如果在发放或兑换过程中出现了问题，运营人员接到用户投诉后也不能回避，应当立即调查并尽快解决问题。

6. 各部门明确分工、密切配合

活动能够圆满执行，得益于公司各部门以及运营团队各成员协调沟通，从不同的执行方向彼此配合、推进。而要实现这一点，首先需要部门、团队对活动执行有明确的分工，并做到信息传递畅通无阻，在此基础上大家各司其职，避免重复作业或互相掣肘。一旦活动过程中出现问题，各部门也能共同面对，以最快的速度解决问题、改善局面。

在上文肯德基秒杀门的案例中，就存在部门、团队配合不理想的问题，明明已经确定通过某渠道发放优惠券，但由于沟通不畅出现误解，负责推广活动的人员又多此一举地将优惠券通过特价网站进行宣传，使得活动执行受到严重影响。由此也可以看出信息对接对于活动运营的重要性，保证信息同步、准确对接，才能做到活动执行到位并不会出现疏漏。

从靠谱的活动总结中获得提升

在活动结束之后，运营人员的工作还没有彻底结束，还需要做好活动总结、反思的工作，以分析活动的效果。这种总结不仅能够帮助公司上级和其他部门了解活动进展，评判运营人员的业绩，还能够实现运营人员的自我提高。比如运营人员可以借此归纳和吸取经验，将活动中一些好的做法记录在案，形成文字，以供下次活动时作为参考；而对于活动中暴露出的一些问题也要深入探讨其原因，争取日后避免发生类似的错误。

下面以简单的活动总结模板为例进行介绍，实际操作时可以根据具体情况对所列举的项目进行增减。

活动总结模板

1. 活动背景

活动背景即用简单易懂的语言对活动的基本情况进行概括，使同事、上级领导能够快速了解活动主题、目标受众和举行本次活动的初衷。

2. 活动时间

活动时间即活动从预热到上线执行、奖励发放耗费的全部时间，每一阶段用时要分别列出，并与策划书中时间的预估进行对比，帮助运营人员分析各阶段工作是否到位，并可以发现造成时间拖延的具体原因。

3. 执行情况

执行情况即对活动具体执行情况的回顾与总结，包括各部门、各人的具体分工及完成情况，以及在活动进行中与合作单位的协作情况等。

4. 推广情况

推广情况主要是回顾本次活动在市场推广方面所做的具体措施，包括站内推广、站外推广的具体办法和产生的效果说明等，从中可以发现推广工作的薄弱环节，并找到最适合自己产品和品牌的推广渠道。

5. 实际效果分析

这一点应是活动总结的主体部分，可以以图标的形式将搜集到的效果数据与预期的目标数据进行对比，还可以与往期活动进行同比、环比，其中比较重要的数据指标有新增注册用户数、活跃用户数、在线时长、同时在线人数、转化率等。这些数据指标即使不能反映全部问题，也能让上级和其他部门对活动成功与否有一个比较直观的认识。

6. 活动经验总结

结合活动效果分析本次活动能够取得良好效果或者没能达到目标的原因，对于行之有效的新创意、新想法尤其应当记录在案，而对于缺点和不足则应当给予反思，并列出具体的改进措施，供下次活动策划时进行参考。比如某次活动的目标是提升转化率，但效果却不尽如人意，在总结时发现有页面浏览量低的问题，可能的原因有两点：入口文案不够吸引；视觉优化不到位。下次活动时准备邀请专业人士撰写文案，同时制作 A/B test 衡量页面布局对活动的影响，并做好视觉关联，让用户同时注意到关联销售的商品。

7. 实际费用

将活动中投入的费用进行汇总分析，其中用于不同用途的各项费用应当分列清楚。通过这种分析可以从中找出能够削减成本（包括平摊到每个参与用户身上的单人成本以及活动消耗的总成本）的地方，在下次活动时即可吸收并应用其中。

对于运营者来说，不能仅仅将活动当做是一种工作，而要将其视为一种锻炼、一种提升。如果本次活动没能达到目标，也不需要为此陷入自责的心态，须知能够成为现象级的活动毕竟是极少数，活动效果不理想是很常见的。运营者要做的是从中发现问题，并不断思考如果再发生类似情况，自己将如何应对。

另外，在每一次活动结束后，运营者在进行总结时除了分析效果、吸取经验以外，还要抓紧机会整理自己从活动中收获的资源，这些资源可能是用户资源、内容资源、人脉资源等，当然，运营思路和思维的开启也可以算是一种难得的收获。

1. 积累用户资源

活动是一种很好的积累用户的手段。在活动中会涌入大量的新用户，他们在活动注册及领奖环节时填写的资料对于运营者来说都是一笔重要的财富，研究这些新用户的分布地区、年龄特征、性别、爱好，能够为运营者下一步的工作提供方向。运营者可以规划新的战略想办法留住这些新用户，将他们转变为活跃用户和忠实用户。

更重要的是，活动能够给运营者深度触达“高手”（优质用户）的机会。比如在活动中，有的用户留下了精美的文字，有的用户上传了非常专业的视频作品，有的用户善于将普通的话题“炒”热，他们都是不可多得的人才，善加引导的话就可能成为具有影响力的意见领袖或“网络红人”。运营者应当想办法与他们建立联系，在下次活动时主动向他们发出邀请，并且平时也要给予这些用户相应的福利、特权等，让他们在平台上保持长期活跃，并通过强大的影响力带动和引来更多的用户。

2. 丰富内容资源

内容的来源一直是让各大网站的运营人员感到头痛的问题，内容要保证新颖、有价值、与网站自身调性吻合，并且还要做到不侵权、不违规、不陷入同质性的窠臼，能够满足这些要求实际上是比较困难的。但是活动中产生的内容却恰恰能够解决这个问题，比如一些有奖征文活动、兴趣互动活动等通过用户发表文章、微博、评论而产生大量的内容，其中很多内容是用户有感而发，有亲和力的文字恰好可以成为网站内容的有机补充。

运营者还可以收集活动中用户产生的精华内容，将其整理、结集，加上趣味性的标题、丰富的图片、背景音乐等做成专题内容，这种凝结了用户智慧的内容集合能够引起其他用户点击阅读的兴趣，还能够让他们对刚刚结束的活动多几分回味，并能够提升他们对产品的好感。

3. 充实人脉资源

运营是一种与人打交道的工作，运营人员不仅需要不断地与用户沟通、听取用户反馈，还需要游走于上级领导、公司其他岗位的同事、运营团队的同事、公司外部各渠道负责人之间，处理好各种人际关系。人脉的维系对于各项运营工作的顺利开展是极为重要的，比如公司想做一个线下分享的活动，需要邀请行业专业人士作为嘉宾，拥有这方面人脉的运营者去沟通接洽就会更加容易。同样在活动进行推广时，运营者也能依靠自己的人脉获得靠谱的好渠道，拿到较低的价格。而在每一次活动中，运营者都可以与一批新对象合作，也有机会继续拓宽自己的人脉，这个难得的机会运营者一定不能错过。

可以说，人脉能够让运营者如鱼得水、游刃有余，正因为此，有的公司在运营岗位招聘时索性把“有无丰富的人脉”作为衡量人才综合能力的指标之一。不过这里也要提醒运营新人们注意的是，经营人脉不是简简单单地交换一下名片、加个微信，而是要通过真诚和实力去建立对方的信任。对此，新人们也不必急于求成，可以在今后的工作中多多积累沉淀，让自己的人脉逐渐“活”起来。

第四章
用户，一切为了用户

用户是运营最宝贵的资源，做好用户的维护与管理工作，运营的目标也就达成了一半。

给用户“打标签”，实现精准运营

用户运营是一件细致而繁琐的工作，它需要运营者拿出足够的时间，付出足够的耐心去细致地分析和整理大量的用户信息。这种分析能够帮助运营者很好地了解用户的需求，知道用户是从哪个渠道发现自己的产品的，知道用户的喜好，预测他们的行为，从而能够更好地为他们提供服务，帮助他们转化为忠实用户，并保持住他们的活跃性。在“互联网+”的全新时代，这项复杂的用户分析工作可以通过“打标签”来得以实现。

所谓“打标签”，就是用收集到的文本、行为、位置、视频、关系链等信息，将每一个用户用具体的兴趣爱好、年龄地域、消费倾向等标签标示出来，最终形成用户画像。这样的标签可以有很多种打法，概括起来一般是个性标签和生命周期标签两种。

“个性标签”指的是反映用户个人特点的一类标签，如用户的性别、年龄、月收入、消费情况等，这些信息可以通过用户的访问路径、访问时长、反馈信息、互动参与等情况来进行收集。

“生命周期标签”则可以分为三个节点：潜在用户期、活跃用户期、沉默用户期。在潜在用户期应该设计合理的机制去促进用户从潜在用户到活跃用户的转化；在活跃用户期站在用户的角度去设计和完善激励体系，去促使用户活跃周期的延长；在沉默用户期对沉默用户进行更大力度的唤醒及关怀，推迟他们的沉默期。

通过上述两类标签的有机组合，用户的精确“画像”就基本呈现在运营者眼前了。而内容开发者也可以有的放矢地针对不同标签用户群体推送不同的内容，同时也为更加精准的广告投放提供了依据。

迅雷看看是迅雷公司旗下的一款在线播放插件，采用 P2P 点对点传输技术，可以方便用户在线流畅观看高清晰电影。2014 年，迅雷覆盖用户已超过 4 亿，注册用户达 1.5 亿。但是同所有视频网站一样，迅雷看看同样存在着用户缺乏黏性的问题。当网站播放热门视频期间，用户数会有短期激增的情况，可随着热门视频播放终结，用户又会迅速流失。针对这种情况，迅雷看看宣布将由流量平台向用户平台蜕变，通过促进新用户注册和保持与用户间的互动，增强网站与用户的黏性。

迅雷看看经过前期用户线上行为习惯的追踪及分析，形成了大数据数据库。又通过对大数据的分析，将用户从性别、年龄、地域、上网时间、偏好兴趣、产品意向等几个方面进行标签，比如“化妆品关注人群”“阅读爱好者”“旅游爱好者”“游戏爱好者”等。经过标签和分类，就可以为用户有针对性地匹配广告，可使广告主通过更少的投入获得更大的收益。比如，迅雷看看可以将高档化妆品广告对一、二线城市经常浏览美妆视频的青年女性群体进行投放，不但能够使广告投放更精准，还让真正有需要的用户群体获知了广告信息。

迅雷看看通过为用户“画像”，能够投放更精准的内容，提升了用户的黏性。事实上，给用户“打标签”还有更多的好处。

1. 产品设计更加专注，更符合用户需求

做产品设计时，首先应当明确一点：产品不可能涵盖所有人，满足所有群体的需求。如果一个产品真的能够覆盖男人、女人、老人、小孩、低收入者、中产阶级……那也说明这个产品是缺少个性、不够专精的，按照通常规律这样的产品生存周期不会很长，反而那些定位清晰、特征明显、专注于自己的目标用户的产品才能够获得成功。因此在做产品设计之前必须要给自己的目标用户打好标签，产品最适合哪种群体，要集中精力解决好用户的哪些核心问题都是需要弄清楚的。

比如用户超过 2 亿的社交网站“豆瓣”将自己的核心用户群定位为具有良好教育背景的都市青年，包括白领及大学生等，年轻、思维活跃、热爱阅读、看电影、听音乐、热衷参与线上活动、拥有各种创意都是豆瓣为用户打上的“标签”。通过有针对性地将各种兴趣用户聚集在

一起，放在读书、电影、音乐、小组等板块中，久而久之，就形成了庞大的文艺青年社交生活的中心。由此可见给用户打标签，并找到目标群体，向他们提供专注的产品和服务，远比设计一些受众宽泛的低标准的产品更接近成功。

2. 防止用户流失，唤醒沉睡用户

用户流失可谓是运营者心中永远的痛，给用户打标签，可以帮助运营者计算流失用户数量，并找出他们行为低迷的共同特性，从而分析出他们活跃率降低的原因，启发运营者能够进行一些有针对性的运营活动如设计用户回归礼包等，以唤醒这些沉睡的用户。

比如 2013 年，腾讯就采用这种方法，为游戏《夜店之王》设置了奖励丰厚的回流活动，而且放礼门槛极低，重新登录的游戏玩家就可以免费获得各种级别的回流礼包，内含珍贵道具、Q 点等奖品。另外，活跃玩家也可以在自己的好友列表中寻找带着“可找回标志”的沉睡用户，并向他们发出回归邀请，一旦沉睡用户接受邀请重返游戏，发出邀请的玩家也可以得到大量的经验奖励。这些活动激发了玩家的参与热情，为腾讯带回了沉睡客户 36 万，并借此大大提升了其他几款游戏的活跃度。

3. 找到高转化率的原因

在为用户打标签的过程中，运营者也可以清楚地看到高转化率用户群的普遍特征，找出是什么吸引了他们，看看在这方面有什么经验可以继续保持或加以改进，从而有助于提高优质用户的黏性，同时也能目标明确地大量吸纳有类似标签的新用户，或增加一些促进转化的运营活动增进潜在用户的转化。

例如，国内知名的购物社区蘑菇街将用户定位为 18～28 岁的年轻女性，内容以分享、推荐、收藏服装、箱包、鞋帽、配饰等商品为主。当用户支付并购买了蘑菇街上的一件商品后，网站就会从用户的浏览路径、喜欢的风格、产品的款式、价格等数据分析用户群体及潜在客户，进而预测该商品接下来是否会成为当季流行的风向，并对其进行推荐。这样当用户登录蘑菇街后就会更容易看到符合自己喜好的流行和畅销的商品，对用户也能形成一种转化的促进，蘑菇街能够实现每年 7%～8% 的高转化率与其善于对用户进行这种分析不无关联。

总之，在现代化高速发展的“互联网+”时期，应用开发在野蛮生长之后，已进入同业竞争阶段，通过个性化的用户标签进行精细化用户运

营将成为运营者保持竞争力的不二选择，有助于运营者预防用户流失高风险，以及帮助制定拉新、付费、防流失等策略，让运营者更聚焦于自身的技术和产品优势，为用户创造价值。

衡量用户价值，实施分级管理

“打标签”是对不同的用户进行分类，从而有针对性地制定运营策略。下面介绍是对用户分级的办法，运营者根据衡量用户对产品和品牌的价值将用户进行分级管理，并恰当地实施差异化的运营。

之所以要进行这样的用户分级，主要是因为随着产品的不断发展，新增用户越来越多，可是运营人员手中可利用的运营资源却是十分有限的，“好钢要用在刀刃上”，有限的资源应该尽可能用在高价值用户（也可以称为核心用户）的留存和促活方面。

那么，该怎么区分高价值、中等价值、低价值的用户并给予差异化的运营策略呢？这就需要运营人员对众多的用户做好分析工作，并划分不同的层级来衡量他们对产品的价值。一般最常见的划分依据是用户的访问、注册、贡献内容、消费等行为数据，频繁访问产品页面、活跃度高、贡献度高、转化率高的用户对于产品来说自然是高价值的用户，这类用户数量较少，一般能占据用户总数的20%就已经算是极大成功；反之，偶尔访问一次就销声匿迹，几乎不与产品发生更多关系的用户就成了低价值甚至是0价值用户；介于二者之间，对产品来说犹如“鸡肋”的这部分用户，数量可能是最多的，他们可以被视为中等价值的用户。

一家在淘宝经营中老年女装的店铺将自己的近千名顾客（有成交记录或旺旺聊天记录的顾客）做了这样的分类：

（1）一级顾客：经常到店铺浏览商品，并有过3次（含3次）以上的成交，而且顾客与客服人员沟通十分愉快，即使偶尔有发货延迟、物流不畅这样的问题，顾客都能表示理解，在购物完成后还留下了情真意切的好评。

（2）二级顾客：在店铺购买过商品，对产品比较认可，而且有成为回头客的可能或者已经回购过1次。

（3）三级顾客：在店铺购买过商品，但是反应平平或没有留下评价，与客服人员几乎没有过任何沟通。

（4）四级顾客：还没有在店铺下单，但是有十分强烈的购买欲望，从卖家数据工具“生意参谋”中可以浏览到顾客的多次访问记录，而且顾客也向客服人员主动询问过商品的情况或“砍”过价。

(5) 五级顾客：与客服人员沟通过，但总是胡搅蛮缠或发布垃圾信息，没有明确购物指向的顾客；少数成交后无故留下差评或投诉，与客服人员沟通极不愉快的顾客。

依照这种明确的顾客分类，该店铺开始对顾客提供差异化的运营策略：对于价值最高的一级顾客，该店铺用淘宝自带的“会员关系管理”功能将其设为“至尊VIP”，将其可以享受的折扣设置为8折，给予最大的优惠，以鼓励这类顾客多多消费，为店铺创造更多的利润；同样，二级顾客、三级顾客也因为较高的价值分别被设为“高级会员”和“普通会员”，可以享受9折和9.5折的优惠。除了折扣价外，该店铺还准备在节日期间、淘宝大型活动期间向这些顾客发放面额不等的红包、优惠券作为福利。另外，考虑到正好是10月换季阶段，该店铺还策划了一个“试穿新品”的活动，准备挑选5名至尊会员，向他们寄出一款将要上架的新款妈妈棉服，请他们在免费试穿后写下试用报告，为其他顾客提供良好的参考。

对于还没有发生过购买行为的四级顾客，该店铺采取了“购物车营销”的办法，之前顾客已经把自己心仪的商品加入了购物车，现在就会发现从购物车可以领取一定面额的优惠券，再加上店铺满减/包邮等活动的配合，对顾客能够产生很强的推动作用，可以引导他们下单付款。

至于最后的一类顾客即五级顾客，因为他们对于店铺来说几乎没有任何价值，有的顾客的一些行为甚至还会让店铺蒙受损失，因此该店铺痛下决心，利用“会员关系管理”中的“禁止购买”功能将他们划入了“黑名单”，同时拉黑了一些顾客的旺旺（“阿里旺旺”，淘宝上买家与卖家沟通用的聊天工具），以免他们不断骚扰客服人员，影响客服人员的正常工作。

上述淘宝店对顾客分级的主要依据是消费频率、消费金额等数据，这种分级方法可以用于电子商务一类的产品，通过分级，能够在用户中优化分配运营资源。如在上例中店铺将有限的新品试穿资格分配给了高价值用户，以赢得他们的好感和更多的回购。另外，用户分级也能够尽早甄别出低价值甚至是无价值用户，改变对他们的服务措施和运营策略，减少运营资源的无效浪费，使今后的运营实施起来能够更加精准。

对于不涉及电子商务的其他类型产品，也可以从其他指标着手对用户进行分级。

1. 用户在线时长

用户使用产品的时间长短，需要复杂的技术来进行统计，能够在一定程度上反应用户对产品的依赖程度。一般高价值用户对产品的使用率高，在线时长较长，他们的长期在线给产品带来了人气。为了对他们进行鼓励，很多产品都设置了“在线时间越长、等级越高”的奖励措施，但由此也产生了一些负面后果。有的用户出于虚荣心，为了提升等级，登录账号后便长时间挂机，不进行任何行动，这样的行为对于产品长远发展并没有多少益处。

比如聊天软件 QQ 最初就采用过按在线小时数提升经验的办法，结果大量用户不分日夜地“挂”QQ，希望让自己的头像后面缀上闪亮的星星、月亮、太阳、皇冠标志（1 个星星为 1 级，1 个月亮为 4 级，1 个太阳为 16 级，1 个皇冠为 64 级，部分 QQ 等级如图 4-1 所示），由此造成

33级	☀☀☆	1221天
34级	☀☀☆☆	1292天
35级	☀☀☆☆☆	1365天
36级	☀☀☾	1440天
37级	☀☀☾☆	1517天
38级	☀☀☾☆☆	1596天
39级	☀☀☾☆☆☆	1677天
40级	☀☀☾☾	1760天
41级	☀☀☾☾☆	1845天
42级	☀☀☾☾☆☆	1932天
43级	☀☀☾☾☆☆☆	2021天
44级	☀☀☾☾☾	2112天
45级	☀☀☾☾☾☆	2205天
46级	☀☀☾☾☾☆☆	2300天
47级	☀☀☾☾☾☆☆☆	2397天
48级	☀☀☀	2496天
49级	☀☀☀☆	2597天
50级	☀☀☀☆☆	2700天
51级	☀☀☀☆☆☆	2805天
52级	☀☀☀☾	2912天
53级	☀☀☀☾☆	3021天
54级	☀☀☀☾☆☆	3132天
55级	☀☀☀☾☆☆☆	3245天
56级	☀☀☀☾☾	3360天
57级	☀☀☀☾☾☆	3477天
58级	☀☀☀☾☾☆☆	3596天
59级	☀☀☀☾☾☆☆☆	3717天
60级	☀☀☀☾☾☾	3840天
61级	☀☀☀☾☾☾☆	3965天

图 4-1　QQ 等级对照表（部分）

了网络资源的大量浪费。后来腾讯公司不得不做出改动，将QQ等级变为以天为单位提升经验，而且用户每天在线时间从2小时起到24小时都算作一天，而在线时间在半小时以上、两小时以下则计为半天。在这种情况下，无意义挂机的情况才得到了一定好转。

2. 用户使用频率

用户使用频率指的是一段时间内用户使用产品的次数，一般高价值用户的使用频率往往很高，可能每天都要登录多次，每次最少也会停留十分钟以上。相对而言，中等价值用户和低价值用户的使用频率就要低得多，可能只是偶尔使用或者在使用过一次之后就消失了踪迹，成为了流失用户。

比如类似于“网易新闻”这种新闻类产品，高价值用户对其依赖性很高，一天之内，只要是时间、环境允许，就会登录客户端浏览新闻、发表评论等，每天使用次数可能超过5次甚至更多；而中等价值的用户可能每天只使用1~2次，也可能2~3天才使用1次，他们对产品有一定兴趣，但还没有形成忠实度，也许他们还有其他的阅读新闻的途径，不一定非要依赖一种产品；至于低价值用户的情况则更糟，可能连续几个月都看不到他们的身影出现。

3. 用户活跃程度

从用户活跃程度来看，高价值的用户会在使用产品的过程中主动热情地产生一些行为，如发帖、回复他人的帖子、点赞、评论、与其他用户私信互动等；中等价值的用户则要明显“懒散”得多，可能他们在使用产品时会更加偏重于阅读浏览、吸取讯息，只有在感觉特别有兴趣的时候才会做出转发、点赞等互动行为；至于低价值的用户的活跃程度则更差，可能其账号很久时间都保持着下线状态。

比如在2014年，香港大学的学者通过研究发现新浪微博的用户中存在大量的“僵尸号”，数量可能占据所有用户的55%以上。这类“僵尸号”从建立账号开始就没有发布过一条微博，但是往往关注过很多人，自己则没有什么粉丝。这种“僵尸号”大部分是由营销公司为了“卖粉”（帮助想出名的用户刷粉丝量）盈利而建立的，也有小部分是用户习惯性“潜水”（不发言只阅读的行为）。这种低价值用户充斥平台的现象在美国的社交网站Twitter（推特）上表现得也十分明显，有数据显示Twitter的活跃用户可能不到40%，极大地破坏了社区氛围。这种情况应当引起运营者的重视，在拉新、促活的同时不能忘记对低价值用户的及时清理工作。

4. 用户对产品的贡献度

用户对产品的贡献可以有很多种，比如增加流量、贡献内容、活跃氛围、主动消费等，这里主要讨论用户的内容贡献。高价值用户往往是原创内容、精华内容的贡献者，他们为社区的氛围建设添砖加瓦，是运营者不可忽视的好帮手和财富；中等价值的用户也会不同程度地贡献内容，不过可能在频率、质量上都不及高价值用户，但运营者可以对其贡献的内容进行梳理、整理、筛选，以最大限度地发挥他们的作用；至于不贡献内容和肆意传播垃圾信息的低价值用户，运营者应当采取适当的措施，特别是后者，为了避免他们搅乱社区氛围，应尽早实施禁言、封号、限制 IP 等惩戒措施。

同样以微博为例，在 2014 年的那次研究中，学者还对新浪微博的 2.087 亿个微博账号进行了研究，发现超过 90% 的有意义的原创微博来自于 5% 的活跃用户，也就是说超过 2 亿用户中仅有 5% 的用户是高价值用户；剩下的用户大多只是重复转发他人的微博，或是发布一些“缺乏营养”的心灵鸡汤文，缺乏自己的主见和创造力；另外还有为数不少的低价值用户存在，他们到处关注好友，发布“三无产品”广告、垃圾信息，让正常用户感觉不胜烦恼，这些低价值用户产生的内容应当得到及时清理，否则会让其他用户的体验遭到更大的破坏。

5. 用户对产品的归属感

归属感是一种被认可和接纳的感受，它能够让用户对产品生出感情，提高忠实度。一般在社区型的产品中，高价值用户常常是意见领袖型的人物，在他们周围聚拢了一批支持者，收到的点赞、打赏、赞美源源不绝，使他们在产品平台上获得了受尊重和被崇拜的感觉，也交到了不少朋友，因此他们对产品的归属感很强，轻易不会离开产品另寻替代品；比起高价值用户，其他用户对产品的归属感显然就没有那么强烈了，他们也很容易在替代品的诱惑下告别产品，如何解决这种问题，是运营者应当用心去琢磨的。

针对提升归属感的问题，运营同样可以实行差异化策略，比如可以主动联系高价值用户，将他们聚集起来，再邀请一些业内精英人士，举行线下的聚会、座谈会，将线上的关系拓展到线下，进一步提升高价值用户对产品的忠诚度；而对中等价值的用户则可以通过线上渠道去维护，可以举行一些线上有奖活动去吸引他们，使他们在参与活动中的过程中逐渐培养出与产品的感情，也可以用系统“马甲”去给他们一些点赞之类的支持，让他们树立起信心主动贡献内容，逐渐提升他们对产品的归属感。

高价值用户维护要紧抓“痛点”

在完成了对用户的分级之后，运营就要制定差异化的运营策略，以达到留住用户、促进活跃、提升转化等目的，而这其中的重中之重则是对高价值用户（核心用户）维系和留存工作。

做好高价值用户的运营，能够进一步提升他们的活跃度和对产品的贡献，保证产品之中活跃用户的根基不动摇，同时可以通过这些高价值用户的影响力带动其他更多的中等价值的用户，让产品更具人气和发展活力；另外，将高价值用户作为运营的重点对象，与他们保持持续有效的沟通，可以及时获得他们对产品的反馈，其中有价值的建议或意见能够为运营工作提供灵感，还能够促进产品快速迭代；此外，运营工作到位，能够使高价值用户对产品和品牌的感情加深，他们会主动成为口碑宣传员，为产品的广泛传播贡献力量，而当产品出现了一些负面信息时，他们颇具影响力的发言也更可能让企业和品牌尽早摆脱危机。

由此可见，运营者应将对高价值用户的运营放在工作的首位，研究他们的核心需求，抓住他们关注的“痛点”，有针对性地提供他们所需的服务、收益，从而将他们紧紧聚拢起来，避免让他们轻易地流失而给产品和品牌造成巨大损失。

百度百科是百度公司的一款网络知识性百科全书式的产品，从2006年试运营、2008年正式上线以来发展迅速。截至2016年4月，百度百科已经收录了1300多万词条，内容涵盖城市、企业、互联网、明星、艺术、科技、学术等方方面面，参与编辑的网友数量接近600万人。

作为一个开放性的知识平台，百度百科最初的内容多以UGC为主，随着越来越多的权威机构、专家、行业精英的加入，内容的权威性、准确性不断提升，产品口碑也越做越响亮。在用户运营方面中，百度百科很早就注意从众多的用户中发掘高价值用户，他们不仅是百度百科的忠实使用者，而且还有持续贡献原创优质内容、进行综合性信息整理的能力，一般等级达到四级，编辑词条通过率达到85%，复杂编辑达到50个，就会被百度百科认为是高价值的用户。

对着这些高价值的核心用户，百度百科采用了一套团队化的运营管理方法，将他们组织起来，形成一个个各具特色的小团队，并赋予他们相应的权利、义务，使他们成为百科发展的中坚力量。

这其中最具代表性的是“百科蝌蚪团”，只有等级达到四级、至少维护5个特色词条、半年内编辑记录良好的优秀用户才能够申请加入。进入“蝌蚪团”后，用户能够用于自己的工作室，可以在其中行使高于普通科友权限的编辑、评审、管理等特权操作。为了彰显尊贵，百科还向蝌蚪团员发放专属的蝌蚪标志及勋章，并且团员还能享受百科提供的礼品及商城打折优惠等福利。

不过在享受权利的同时，蝌蚪团员也需要很好地承担自己应尽的义务，如持续贡献优质内容、协助官方进行词条评审工作、监控词条质量、提出合理化建议等。而且加入蝌蚪团后，也会自然而然成为其他科友的榜样，所有的发言、管理等行为都要严格遵守百科规则，并应当与其他科友相互合作、友好交流，如果出现违规情况，受到处罚的力度会比普通科友更重。

此外，在蝌蚪团内表现出色的团员还可以通过申请成为“百科任务评审团”。“导师团”的成员，不仅能够享受更大的荣誉，还需要承担评审任务系统的词条，发现并培养新科友的职责。如果团员对某领域的兴趣爱好特别浓厚，也可以在擅长的类目组建“分类小组”，带领其他小组成员编辑高质量的词条。百度百科产品首页如图4-2所示。

从上面的案例中可以看出，百度百科对高价值用户的维系和管理是十分重视的，为了保持他们的活跃度，提升他们贡献内容的积极性，百度百科为这些崇尚知识的用户度身打造了一整套的核心用户体系，用诱人的特权、徽章激发他们的荣誉感，并提倡团队协作互动，使用户从单打独斗变成了协同作战，用户与用户、用户与产品之间的联系日益紧密，这些都能起到促进用户留存的作用。

从百度百科的做法中，我们可以总结出维护、运营高价值用户的一些经验。

图 4-2 百度百科产品首页

1. 制订“准入门槛”

所谓“准入门槛”，就是尽量给高价值用户一个比较精确的定义，从而使得运营策略的制定更加有针对性和偏中性。一般来说，高价值用户是产品最为核心的目标用户群体，对于产品的发展、平台的壮大、未来的盈利都能够产生极大的价值，而且他们的作用是普通用户无法取代的。

像百度百科就将高价值用户描述为“等级达到四级，编辑词条通过率达到85%，复杂编辑达到50个”，也就是说，即使用户等级较高，但却没有提供高质量的词条，通过率不达标，那么也不能算是百科的高价值用户，针对其制订的运营策略与高价值用户的策略也会有所差异。

2. 制订权益机制

高价值用户能够从自己的付出中获得什么样的回报，这是运营者应当尽早为他们解决的问题。这些回报包括专有特权、形象、徽章等无形的权益以及奖品、奖金等有形的权益。由于产品的性质不同，用户的关注点也有差异，运营者应当仔细分析什么样的权益能够带给高价值用户强刺激，满足他们的心理需求，阻止他们的流失。另外，运营者应当考虑到成本，不要对高价值用户做超出能力的许诺，如果权益不能兑现，就可能激怒用户造成他们的强烈反弹。

在权益机制方面，由于百度百科是一个人文精神、知识氛围浓郁的平台，用户特别是高价值用户也多是来自各行各业的学者、专业人才等，所以他们的关注点不在于金钱和实物回报，而会更多地重视精神层面的回报，百科为他们设计的特有形象、特有 ICON 展示、特有徽章以及专属特权、头衔等无疑满足了他们的自尊心和荣誉感。截至 2016 年 1 月，蝌蚪团成员不到 400 名，任务评审团成员仅有 150 多名，高级评审员只有 16 名，能够进入这些团队并享有高级头衔已经成为很多用户孜孜不倦的追求，由此也可以看出百科权益机制的吸引力已经深入人心。

3. 设计晋级体系

用户运营非一日之功，高价值用户的培养也是需要很长时间方能磨炼出来，设计晋级体系能够帮助用户成长，鼓励用户多做活跃行为，多贡献有价值内容，并逐渐成长为平台顶级用户。这里所说的“晋级”并不是“升级”的意思，单单数字等级上升并不能代表用户正在成长，而是要使用户本身发生质的变化和飞跃。用通俗的话来讲，就是让用户从对产品一无所知的“小白”“菜鸟”逐渐晋升成为众人瞩目的“大神”，在这个过程中，运营者对用户的引导和帮助作用非常重要，要让用户找到自己努力的目标，帮助他们走向正确的方向。

百度百科就为用户设置了明确的晋升体系，将目标摆在他们面前，使他们清楚自己经过努力编辑词条有可能晋升为蝌蚪团成员，蝌蚪团成员经过努力也有机会成为评审团成员、导师团成员，所有目标都是清晰、透明、公正的，达成目标需要的条件也具体到了数字，督促着用户为之奋斗。

4. 提供服务关怀

良好的服务是维系用户的关键环节，特别是对于为数不多的高价值用户，更应当做好贴心的服务工作，关注每一个细节，给他们带来惊喜，使他们在得到更加满足的体验后坚定自己的选择，提高对产品和品牌的忠诚度。

百度百科十分重视对蝌蚪团成员的服务，为他们提供了“专属工作室”“专属礼品”“专属 icon”等特别的服务，以打造高贵、富有荣誉感的形象，让用户在使用这些服务时心中充满骄傲和自豪的感觉。不仅如此，百度百科官方还保持与这些高价值用户的沟通交流，经常对他们进行鼓励、引导，并组织了一些线下的交流活动吸引他们参加。2015 年正值百度百科 9 周年庆典期间，官方组织了丰富的线下活动，邀请了 16 名核心用户到成都参加聚会，有效地提升了用户与用户、用户与百科之间的归属感。

当然，对于高价值用户的运营策略除了各种激励制度外，也少不了鞭策措施。这不仅是因为缺乏鞭策会让用户产生一定的惰性，不再勤勉地为产品做贡献，也是因为鲜花和掌声容易使人迷失，太多的赞誉可能会让一些高价值用户被冲昏了头脑，做出与社区规则相违背的行为。因此很多产品对于高价值用户都注意做到“赏罚分明”，有特权、奖励，也少不了考核和惩罚。如百度百科对 3 个月考核不合格的蝌蚪团成员将会直接取消其蝌蚪身份，如果想要恢复则需要至少编辑 1 个新的特色词条，还要联系官方才能恢复身份。如果下月考核不合格，再次被取消身份，则有可能永久无法恢复身份。

这类鞭策措施可能会引起少数用户的不满，但从长久收效看，对于产品的发展壮大、用户个人的进步成长都是很有裨益的。运营者需要注意的是尽量将鞭策措施设置得科学、合理，并注意照顾用户的情绪，切勿让他们产生被伤害的感觉而远离产品。

用户“拉新”并非越多越好

“拉新”就是获取新用户、拉动新人，用各种各样的办法让更多的新用户加入到产品中来，在微信运营、微商领域也可以叫“吸粉”。“拉新”是用户运营工作中非常重要的一块，新用户的不断涌入，能够提升平台氛围，带来新的 UGC 内容，培育出新的高价值用户，对于产品的成长来说自然是不可或缺的。

说起如何“拉新”，可能大家会马上想到做广告、地推、发帖子等多种办法，听上去拉新好像是一项简单的工作，但事实并非如此，现阶段整个移动互联网的竞争非常激烈，不少行业的“大蛋糕”已经被一些实力强劲的大企业瓜分完毕，很多用户也已经形成了自己的使用习惯，轻易不太会选择使用新的产品，因此，除非产品是名声极为响亮的爆款，否则拉新都会成为一个困难的任务。不仅如此，如果不加思考地盲目拉新，采用“普遍撒网”的办法也许能够拉来用户，但对于产品长远发展来说却不一定都是好事。

2014 年 3 月，某生鲜电商开始正式运营，这家电商采用了一种新颖的 O2O 模式出售半成品菜：用户先在该电商的网上商城下订单，第二天店员采购、生产、加工好半成品净菜后，用户再到设在地铁站的自提点提货。该电商提供的服务给上班族带来了很大的方便，因此得到了一些用户的欢迎。开业前三个月，平均每天能获得 70 个订单，每单消费 30 元左右，扣除菜品采购、处理、配送花费的成本，利润所剩无几，与预期的盈利点更是相差甚远，这让创始人感到分外焦急。

团队将工作重点转移到"拉新"上去，希望能够通过订单的迅速增加力挽颓势。运营为此几乎是绞尽了脑汁，在微博、论坛、QQ 群发布广告、软文，加大宣传力度；还动员全公司上下将朋友圈的资源调动起来，争取让熟人都来消费，再通过良好的口碑把产品传播到人尽皆知；后来运营又精心设计了图文并茂的宣传单，让店员到地铁口发放给路人……

在大家的努力下，订单数量有所提升，从每天 70 单提升到了 150 多单，但是创始人还是觉得不满意。因为用户虽然增加了一部分，客单价却并没有显著提高，平均仍是 30 元左右。经过这一轮"拉新"带来的用户多是单身白领、情侣、新婚小两口，他们的消费主张是实惠、方便，一顿饭一般只需要 2~3 个菜，甚至有减肥要求的女用户每天只订购 1 个菜。可无论用户消费金额是多少，配送的成本都少不了，利润被挤占到所剩无几。

无奈之下，团队准备开始进行新一轮的"拉新"工作，但是之前用户资源已经被挖掘殆尽，同时京东生鲜、天猫生鲜、易果生鲜、天天果园等竞品也在拼命地占领市场、抢夺用户，下一阶段的工作如何开展，这个问题让运营愁眉不展。

我们可以看到，上述案例中的生鲜电商在"拉新"的思路上还存在较大的问题。拉新不应是盲目进行的，也不是用户拉来越多越好。在"拉新"之前应当首先分析清楚最适合产品的用户群是什么样的。一般运营总想着覆盖大范围用户，招揽各种类型的用户，但事实上能够为产品做出较大贡献的可能连总用户数的 20% 都不到。与其花费时间、精力、人力、财力去做 360° 全方位"拉新"，还不如集中资源攻破重点用户，掌握可以触及到这些用户的渠道，收集、汇总这类用户的资料，再有针对性地进行“拉新”工作。

如该生鲜电商可以考虑改变思路寻找更多的高端用户，相应的菜品种类也可以相应减少廉价蔬果，增加进口水果、海鲜水产等品类，同时提升产品包装、配送服务，将“用户自提”升级为“送货上门”。与此同时，在“拉新”宣传时就可以尽量塑造自己高大上的形象，突出与其他竞品有别的优点，以此赢得高端用户的青睐。

下面来讨论一下有效的“拉新”工作具体应该怎么做。

1. 从“普遍撒网”到“重点捞鱼”

如果产品是从零起步，在打入市场的前期可以采用“普遍撒网”的办法进行用户拉新，运营除了在免费渠道做宣传推广以外，还应当到有较高流量的主流媒体、网站投放广告，并可以邀请知名人士出来带节奏，目的只有一个：强化产品在用户心目中的印象。

当产品有了一定的知名度后，这种“普遍撒网”的工作就可以停下来，改为精准营销，即从产品出发，有针对性地寻找重点用户，想办法将他们拉到产品中来。为此，运营在开始拉新前，应当首先透彻研究自己的产品，找出与竞品相比的优劣势，找出什么样的用户可能会需要这款产品，这些用户又出没在哪些地方；在研究产品的同时还要深入了解用户，可以与现有的用户进行沟通、访谈，看看最适合产品的用户是什么样，然后比照这个模板去寻找新的用户。

2. 合理运用各种渠道

拉新的渠道很多，可以分为线上渠道和线下渠道，社群、论坛、电子邮件、新媒体、站内信、APP 推送、付费广告、短信等都是运营人员常用的渠道。但即使采用同样的渠道，也会因为运营能力的高低而呈现出不同的效果。经验丰富的运营会用特色化的活动配合精美的文案等击中用户的心灵。

2014 年 10 月上线的“回家吃饭”APP 是一款家庭厨房共享类产品，如图 4-3 所示，这款产品发掘了大量民间家厨，他们采购优质食材，经过加工烹制后，以配送、上门自取、堂食等方式提供给用户，解决了那些忙于工作、没有时间亲自下厨的用户的实际问题，而且菜品安全可口，具有很多外卖平台不具备的优势。在“拉新”方面“回家吃饭”有自己独特的考量，它将焦点集中在每天乘坐公交车、地铁上下班的人群以及在写字楼出入的人群，为了引起目标人群的关注，“回家吃饭”投放了地铁广告、楼宇广告，内容是三个小故事，以及“一切语言不如回家吃饭”的广告主题，其中“送走了爸妈，还能吃到腊肉炒笋，就觉得自己在北京，过得还好”这样的文案用平实的语言和乡愁的内涵打动了千万用户的心。

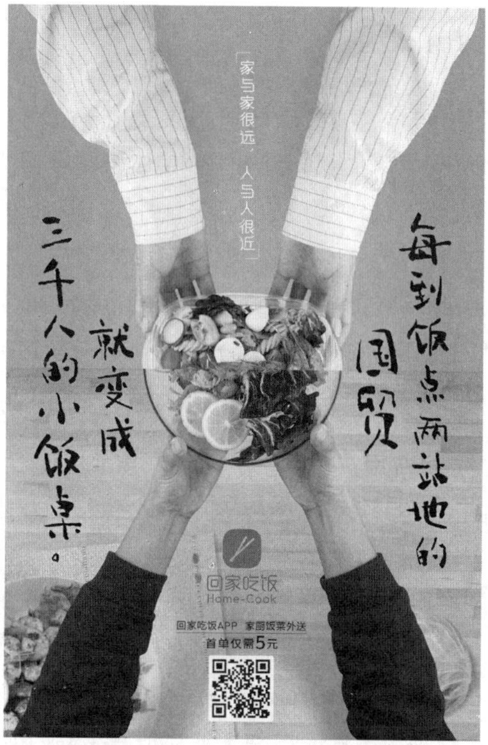

图 4-3 回家吃饭 APP

通过这样的拉新方式，“回家吃饭”的新用户增长很快，目前注册用户超过数百万，还在 2015 年《北京商报网》发起的生活服务 O2O 评价榜中荣登餐饮垂直类第一名。它的成功很大程度上就是由于其善于结合产品优势、用户特点进行有针对性的拉新宣传，从而赢得了目标用户的青睐。

3. 进行成本效果审核

拉新是需要成本的，由于渠道以及产品性质不同，加上用户需求饱和度不一，获取新用户的成本也是有高有低。据统计，电商类 APP 新用户获取成本在 20 元以上，P2P 行业的新用户获取成本高达 500 元以上，可见拉新被称为“烧钱”并不夸张。可是花了钱，能否带来目标用户并创造利润还未可知，运营在拉新前应当对如何控制成本有一个比较清醒的认知，再对各个渠道的花费极其效果进行综合评估，争取以最小化的成本获得最大化的收益。

如团购网站美团网就出于成本的考虑拒绝线下广告投放，他们认为网购的消费群体集中于网络用户群体，长年依赖线下消费的用户即使对他们投放再多的广告，也很难把他们引导到美团网上来消费。而且线下广告成本昂贵，还不如将这些费用节省下来，用于提高对用户的服务水平。于是，美团网设立了在线营销部门，集中力量在线上打出一套“组合拳”，像关键字搜索、关键字投放、全国站长联盟等，都是线上推广拉新的方式，精准的拉新为美团赢得了更多的目标用户，品牌知名度不断提升。2015 年 10 月，美团与“大众点评”合并之后，发展更为迅速，截至 2016 年 6 月已拥有近 6 亿用户，各类合作商户超过 430 万，几乎覆盖了中国所有级别的城市，6 月日订单峰值已突破 1150 万单。

4. 让老用户带动新用户

在“拉新”的众多途径中，依靠老用户口碑带动新用户往往能够起到不错的效果，而且花费成本不多。不过想要实现口碑“拉新”，首先必须保证老用户能够得到良好的产品体验，或者说产品确实有效地解决了老用户的实际问题，才可能被他们信任并广泛传播。如果产品的核心体验没做好，老用户的留存问题尚且无法解决，又何谈拉新呢，即使大量涌入用户也只会带来更多负面口碑，不利于产品的后期发展。

以打车软件优步为例，从 2010 年在美国旧金山正式开张就非常重视口碑打造，经常去硅谷的大型科技会议场地外，向高科技人群提供免费接送服务，体验过优步的用户，很快就被一键叫车的便利服务征服，并会主动向身边的朋友、同事大力宣传，这种口碑推广为优步赢得了众多用户，以致于优步想要“拉新”都很少需要借助广告。2014 年，优步推出拼车业务，让同一路线的乘客沿途共用一辆车，这样平摊到每位乘客身上的费用更低。司机也十分欢迎这种做法，他们可以一直载着客人，而很少会开着空车到处寻找客人。于是优步的口碑得到了进一步提升，无论是司机还是乘客都成了它的义务宣传员，为它赢得了越来越大的市场份额。

类似这样的案例还有很多，这也提醒我们想要拉新，还是应当回到产品和用户需求的本源去思考对策，不能盲目行动，为了拉新而拉新，很有可能无法达到目标，还会让产品陷入发展的困局。

另外必须说明的是，成功拉来了目标用户并不代表工作的完结，比拉新更重要的是促活、留存，如果没有完成这些工作，千辛万苦拉来的用户也会轻易流失，之前的一切付出就白费了。因此，运营者一定要重视用户的日常沟通与维护，即使做不到关注所有用户，也要紧紧抓住高价值用户，他们的流失带给产品的将是不可估量的损失。

抓促活，让你的用户动起来

如果将产品的用户群比做一个大水池，“拉新”的工作就像是在“开源”，是不断向用户群体中注入新的水源；而“促活”（促进用户活跃）则是让水源流动起来，保持水池大环境的生机和活力；至于“留存”（使用户保留下来，继续使用产品）的工作则可以视为“节流”，是采取措施避免水源流走。三者对于用户的维护和产品的存活来说是缺一不可的。

一般很多运营者会将“促活”与“留存”的工作分开讨论，但实际上两者之间的重合度很高，做好“促活”，提升用户活跃度，加强用户对产品的使用，保持平台的气氛和热度，就会带动不活跃的用户，减少流失的可能，那么用户留存的问题也就不难解决了。

某日历型工具产品从2015年3月起开始运营，初期积累了2000多名用户，但活跃度不高，用户使用产品的频率和时间都达不到预期指标。在充分研究了用户的使用情况后，运营发现可以利用用户对养成早起习惯的渴望来促进活跃，于是设计了“起床点一点，养成早起习惯”的活动，并精心撰写文案鼓励用户参加。在活动中，有用户在留言区反映“天天早起很难坚持”，运营人员又想办法将长期活动改为周期活动，如“15天的早起计划，你可以做到”，难度的下调提升了用户参与的积极性，再加上配合推出的一些小贴士、相关知识文章，使用户能够获得很多收获，他们早起参加活动的热情十分高涨。

为了给顾客更多的鼓励，运营又增加了“成就卡”这个细节，当用户成功早起并签到后，就能获得一张专属个人的成就卡，卡片上有用户的头像、ID、连续起床的天数和已经击败的用户数，还附有一些温馨的鼓励话语，这张精美的卡片会给用户带来一整天的好心情。而且这种卡片是可以让用户分享到朋友圈、QQ空间进行“炫耀”的，在卡片上还有产品二维码，看到分享信息的新用户可以扫描二维码来感受产品的魅力。

不仅如此，该产品考虑到用户的互动需要，还设置了排行榜功能，能够在前三位早起打卡的用户都会获得专属的徽章和奖杯，并可以接受其他用户的“膜拜”，膜拜可以为用户增加不少积分，积分达到一定标准可以参加商城抽奖，赢取从普通纪念品到最新款 iPhone 手机这类的大奖。除了“膜拜”以外，用户还可以通过连续打卡以及邀请好友等途径赢得更多积分。这些办法都增加了用户对产品的喜爱程度，有的用户为了得到更多“膜拜”，甚至每天 5 点前起床签到，有时签到人数过多，还给服务器造成了一些压力。目前，该产品的日活跃用户数已达到 3 万左右，月活跃用户数超过 8 万，基本覆盖了总用户数的 70% 以上。

在上述案例中，产品采用了举办有趣的活动的办法来提升用户活跃度，为了提高用户参与活动的积极性，运营从用户的核心需求“渴望早起”入手，精心设置了活动主题及成就卡等细节，给用户一种超越预期的体验，同时配合积分体系、奖励机制、用户互动等，达到了促进活跃、提高留存、帮助传播的目标。

学习该产品的一些好的做法，我们可以总结出促活、留存的几点相关经验。

1. 从细节提升用户体验

现在同类型的产品层出不穷，功能或服务日趋同质化，对于一般的用户来说，可能产品在他们眼中没什么大的区别，但是细节的体验就不一样了。 产品如果能够做到别人做不到的细节，就会让用户留下深刻印象，并容易产生好感和忠诚度。 比如同样是日历型的工具，也都会举行各种签到、打开之类的活动，但是本节案例中的产品注意到了用户的心理体验，刻意避免使用“打卡”“签到”这种带有强制性的词语，而是采用“点一点”“早起计划”来代替，将用户摆在主体位置，仅仅只是改变了一个细节，却让用户更容易接受，也容易坚持下去，使得该产品在众多的同类产品中脱颖而出，备受用户青睐。

另外，该产品为了提升用户体验，还注意听取用户的反馈意见，当用户表示很难长期坚持早起的时候，该产品就灵活地设计了阶段性的早起计划，使用户不会因为活动难度大就望而却步，但同时又有一定的挑战性，能够激发他们的好胜心。也正是因为用户体验的不断提升，他们才更加愿意使用产品，并持续下去，使活跃度和留存率有所保证。

2. 创造新功能和新玩法

用户使用产品一段时间后，如果一直没有功能和玩法的变化，永远做着千篇一律的事情，用户就难免会产生厌倦的感觉，活跃度下降也就在所难免了。如果运营没有及时采取措施，不活跃的用户就可能转变为沉默用户并最终流失。因此新功能和新玩法的引入是非常有必要的，能够引发用户的好奇心，激发他们的兴趣，增加他们的活跃度。

如手机游戏《天天爱消除》与同类产品相比，在玩法的创新度上就高出一等。一般这类游戏用户可能玩几天就能通关，或者各关风格雷同，没有什么挑战性，所以普遍活跃度、留存率不高。可是《天天爱消除》一旦通关后，就会出现新的关卡，玩法更是多种多样，有的关卡目标是消除冰块，有的是铺满草坪，还有打破木箱、收集热气球等，并且玩家可以利用特殊道具来通关，还有新加入的“水果子弹”等系统，使得玩家从游戏中总能获得新奇的体验，对游戏的喜爱也就越来越深，活跃度的提升也就不是问题了。

3. 策划活动对用户构成“刺激”

策划有趣、收益高的活动能够提升产品对用户的吸引力，使平台上的氛围恢复热度，对不活跃的用户也能产生一定的推动作用。这种以“促活”为目的的活动可以分为长期活动和短期活动两类。长期活动可以设置为在一段较长的时期内，每个固定的时间点都有活动举行，让用户产生一种习惯，在这个时点前后都会变得非常活跃。比如某网上商城举办“逢周三大促”活动，每到周三都推出促销力度很大的商品，给用户带来很多实惠。使得用户对该商城的优惠产生了依赖感，即使不在活动期也会主动打开页面，希望能够找到便宜的商品。

短期活动的形式更多，大家可以参考前文中的内容，策划一些新颖有趣又能带给用户一些实际的收益的活动，让用户迫不及待地投入其中，活跃度得到大大提升。在此需要提醒的一点是，策划活动一定要兼顾运营成本，并最好设置参与的门槛以减少成本压力，特别是大型的短期活动可以设置为注册时间超过 ×× 天或等级超过 ×× 级别，以尽可能防止恶意建新号刷奖励的行为。

4. 利用从众心理保活跃

“从众心理”指的是个人很容易受到外界大量人群普遍行为的影响而做出趋同的选择或行为，这种心理可以用于我们“促活”的工作中。在互联网上，人气火爆的产品往往更容易聚拢用户，并让用户保持活跃，这也是电商的信用、评价体系诞生的基础。打开淘宝APP，很容易看到销量火爆的商品月销量高达万件，评论高达几千条，可其他相差无几的产品有的销量却只有可怜的几十件、几件。造成这种局面的原因可能不光是产品、店铺经营的问题，也有很大程度与人们的从众心理有关。

正因为这样，很多网上店铺采用了刷好评、刷销量的办法来制造人气，固然能够起到一定作用，但如果产品和服务跟不上，这种欺骗的手段并不能够长期得逞。对于这种虚假地制造人气的行为应当坚决抵制，但我们可以用正常的手段，比如邀请明星、名人、业内精英来做线上的访谈节目，请微博大V、营销号转发相关内容等，以此引起用户的关注并提高人气，随着人气的上升，原本不活跃的或是即将流失的用户就可能受到影响，重新变得活跃起来。

5. 提升用户与用户之间的互动活跃度

用户的活跃度不仅体现在用户使用产品的活跃度，还体现在用户与用户之间的互动方面。用户互动性强、联系紧密，甚至因为产品而结交成为志趣相投的好友，他们对产品的依赖性就会更强，活跃度就会更高，产品平台上始终保持着火热的氛围，对新加入的用户也能产生一种感染力量。

这种情况在社群类的产品中最为常见，以微信群为例，一个死气沉沉、缺乏互动的微信群是很难留住用户的，随着群主的不作为，最后大多只剩下一些沉默的潜水员和打广告的账号。但是在互动性强的微信群里，情况则完全不同，大家互相聊着感兴趣的话题，不断认识志同道合的朋友，社交关系、人脉、资源、格局都在悄然提升，偶尔出现发布垃圾信息、广告消息的账号，马上就被用户举报给群主，并被群主踢出群。在这种社群中，用户活跃度很高，并且有“爱群如家”的心态，自觉维护着交流环境，使得“群生态”也能始终保持着健康的状态。

至于如何提升用户与用户之间的这种互动活跃度，运营可以开动脑筋多想办法，比如开放一些互动功能，如本节案例中的“膜拜”功能等，还可以跳出线上的局限，根据用户不同的兴趣爱好，组织一些线下的活动，使用户在现实中增进了解，形成线上到线下的关系闭环，再依靠现实的关系反过来提升他们在线上的活跃度。

找到并挽回流失用户

用户流失是任何一款产品都不能避免的问题，“铁打的营盘流水的兵”，在纷繁复杂的网络世界，用户面对的诱惑太多，也无法要求他们对产品“从一而终”。不过，运营者可以想办法让用户流失的速度慢一些、程度轻一些。有的运营者对拉新的工作特别重视，却忽略了数量更为巨大的流失用户，可实际上，用于挽回流失用户的成本可能远低于获取新用户的成本。因此切勿轻忽这方面的工作，如果可能的话，应该建立起预警机制，提前发现即将流失的用户，并采取措施挽回他们的心。

对于不同类型的产品，用户流失的界定标准可能都不一样。比如有的游戏类产品，可能用户连续 3 天不登录就算是流失了，而社区类的产品可能连续一个月不登录算是流失，但是有的用于购买机票、火车票的 APP 产品，有的用户一年最多也就使用几次，因此不能因为 1～2 个月不光顾就将他们归入流失用户。

由此可见，对于流失用户的确定不宜粗暴生硬，应当结合产品的性质、用户的普遍使用情况、消费情况等数据来进行判定，将流失用户定义为在一段时间内未在产品平台上进行关键操作的用户。在确定了流失用户的范畴后，运营者才可以此基础上分析他们的流失原因并着手制定各种策略来预防继续流失和挽回已经流失的用户。

2015 年 8 月，一款暗黑风格格斗手游出现在网友的面前，因为炫酷的玩法、华丽的画风吸引了不少玩家的注意，加上前期推广工作到位，使得手游在上市后势头火爆，日活跃用户数量（DAU）峰值超过 100 万，人均使用时长超过 30 分钟，还一度排名软件商店付费下载榜的前列。

可是好景不长，随着产品内容、运营进度进入稳定阶段，虽然用户活跃度仍然保持在一个较高的水平，但忠诚用户所占的比例却一直没有明显提升。与此同时，沉默用户（流失用户）的比例却呈现增长趋势，他们中有的甚至仅在安装当天及次日试玩了一下游戏，就没有再回到游戏中来。

苦恼的运营人员不得不做了大量的用户调研，最后发现用户之所以流失的原因可能是：① 9 月就要开学了，学生玩家不得不为重返校园提前开始准备，对于游戏只能放弃；② 用户觉得付费玩游戏压力太大，转而寻找别的免费游戏作为替代；③ 对操作技巧、任务流程不熟悉，又被玩家恶意 PK，产生了挫折感而离开；④ 已经深入体验了游戏核心内容，觉得不再新鲜，没有玩下去的激情；⑤ 用户对游戏的体验较差，如视觉体验、功能体验等，觉得比不上自己喜欢的某款游戏；⑥ 其他外部原因。如网络问题、手机故障等，与游戏本身无关。

针对玩家流失的原因，游戏运营人员认为只有第③④ 类用户还有可挽回的余地，因此打算针对这类用户推送信息，引导用户重新回到游戏中。第一阶段推送的消息是“连续登录 3 天，可以获得宝库金钥匙；登录 5 天，可以获得绝版坐骑；登录 7 天，可以获得免费装备一套”，这些富有吸引力的奖品对玩家还是比较有诱惑力的，特别是熟悉游戏的玩家更加明白这些奖品的价值，于是有不少玩家选择了回归游戏，但回归玩家的总数远远低于运营人员的预期。下一阶段的挽回工作该怎么做呢？运营人员感到十分困惑。

在上述案例中，运营人员虽然找到了造成用户流失的原因，却没有对这些原因进行深入的研究和分析，更没有对流失用户进行细分并采取有针对性的不同的挽回策略，只是笼统地选择了推送信息的办法，也没有考虑到用户的不同需求，因此挽回效果很不理想。

事实上，造成用户流失的原因可以大致分为三类：产品存在缺陷、运营服务不足、不可抗力原因。如果是前两种原因，通过改进产品、提升服务是有望弥补的，并且越早弥补就越能预防更多的用户流失。而对不可抗力造成的用户流失，如上例中提到的学生开学、网络故障等，则不是运营人员能够通过努力改变局面的，对于这类用户也只能忍痛放弃了。

具体来看，运营者可以从以下几方面着手，来进行预防流失和挽回流失用户的工作。

1. 从用户生命周期入手，尽早行动

用户生命周期可以划分为拉新期（用户刚刚与产品建立关系）、熟悉期（用户有重复使用行为，与产品关系较为亲密）、成熟期（用户对产

品有一定依赖性，有频繁使用或消费行为）、衰减期（用户使用或消费行为逐渐减少，对产品开始丧失兴趣）、流失期（用户达到了流失用户的标准，停止使用产品）。

从用户生命周期来看，防止流失的工作应该尽早进行，在衰减期就应当及时采取行动，如推出新的玩法、举办线上或线下的活动等，调动起产品平台上的火爆气氛，重新激发用户对产品的热情，不要拖到用户彻底流失再想办法，想要挽回他们往往需要付出多几倍的努力。

2. 有针对性地发送提醒信息

发送提醒信息是一种比较常用的预防流失和挽回已流失用户的办法，一般运营者可以将策划好的内容通过邮件、短信、弹窗、QQ 群消息、信息推送等渠道呈现到用户眼前。这些信息应当是对用户有价值的或有趣味性、能够引起他们好奇心的内容，应当避免发送纯广告给用户，或是不停地用各种信息骚扰用户，这些做法都会引起用户的反感。

另外，发送消息也要考虑用户的具体特点，对于还未流失但对产品兴趣有所降低的用户，可以发送一些“内容更新”“活动提醒”“产品趣闻”之类的信息，提升他们对产品的关注度，提醒他们第一时间登录页面，同时发送的内容应注意图文并茂、生动有趣，最好采用多媒体形式，可以更好地吸引用户。

而对于已经流失的用户则要给予一些“强刺激”，如通过短信、邮件等发送“登录有奖”、“更新版本有奖”之类的信息，将关注点放在“奖励”上，用切实的好处“引诱”用户重新登录或下载新版本后重新登录。这种“强刺激”与版本更新结合效果会更好，因为新版产品修复了旧版存在的 BUG 或不足，体验较以往肯定会有所上升，有些因为之前体验不佳而流失的用户有可能会就此留驻下来。

3. 对流失用户进行回访

对流失用户进行回访可以了解用户流失的具体原因，有利于及时发现问题并进行补救。而且回访也可以让用户得到一种被重视的感觉，使他们对产品的好感上升，有可能会带着“再试一次”的心态重新开始使用产品。

回访的方式有电话回访、电子邮件回访、当面访问等不同的形式，其中电话回访效果较好，反馈也很及时，因而是最为常见的回访方式。如果采用电子邮件回访的话，则需要设计好问卷，以收集到更多的有效信息。无论采用哪一种方式，都应当注意礼貌、耐心，并用心听取和记录用户的各种抱怨。

需要指出的是，很多产品在设计时没有考虑到回访的需要，给运营者的工作造成了难度。比如有的产品在用户注册时允许用户用微信、微博注册，而不是用手机、邮箱注册，这在无形之中就降低了直接触达用户的可能。在此也要提醒运营者多参与产品开发的工作，将运营的思路带入其中，使用用户思维更加科学合理地设计产品。

4. 举行活动召回流失用户

用富有吸引力的活动召回用户也是很多产品常见的手段，这些活动之所以能够对流失用户形成诱惑，主要是因为各种丰富而有价值的奖励，比如流失玩家重新登录后发放经验、道具、称谓或参与抽奖等。有些流失用户虽然已经有一段时间没有使用产品，但毕竟也在其中投入过时间、精力甚至金钱，因此还是有一定感情基础的，运营者可以配合他们的回归制定一些针对回归者的福利措施，帮助他们重拾情怀，逐渐恢复到以前和产品之间的那种亲密关系。

对于这种召回活动，运营者在规则的设置上应尽量慎重，首先活动应简单直接，减少流失用户回归的难度；其次要注意平衡活跃用户的心理，可以邀请他们一起配合召回老用户，如果成功召回一名用户也会给予一定的奖励；最后奖品的设置要注意合理、到位，不要让流失用户产生失望的感觉，但也不能过于“大方”，以免引起活跃用户的不满。

5. 利用广告宣传唤醒用户记忆

当流失用户离产品的距离越来越远，甚至产品已经消失在他们的记忆中时，运营者不妨从广告宣传入手，在打响品牌的同时唤起用户对产品的记忆，并使他们被火热的氛围所吸引，不知不觉地再次开始使用产品。

2016 年 6 月，社交产品陌陌推出了自己最新的品牌宣传广告《做一只动物》，如图 4-4 所示。这支广告片以新奇的动物为主题，配合个性的文字和发人深省的画面，激起了广大网友的好奇心，在互联网上引起了巨大反响，微信、微博、知乎到处都有网友在讨论着相关的话题，让“陌陌”的知名度又攀上一个新的高峰。在广告宣传的影响下，很多已经停止使用“陌陌”的用户又将目光投向了这个产品，重新开始使用并成为活跃用户，由此使得活跃用户量剧增，据 6 月的互联网数据显示，陌陌日均活跃用户量季度环比增长 26%，远远高出微博的 12%、微信的 6%、QQ 的 3%，位居社交应用增速榜第一，由此也可以看出广告宣传对流失用户召回所能产生的巨大效果。

图 4-4　陌陌《做一只动物》品牌广告

6. 改进产品，提升用户体验

用户体验不佳也是造成用户大量流失的原因之一，为此，运营人员应当和产品开发人员携手改进产品，将用户反映的不足一一对应到产品设计中，进行尽可能地修复，如果问题严重则需要更新版本。对于产品的改进不仅能希望挽回流失用户，也能给予目前活跃在产品中的用户更加良好的体验，因此能够起到预防流失的效果。

比如用户反映网页响应速度缓慢，占用大量内存，浏览起来有卡顿现象，页面 Flash 播放也不流畅。针对这类问题产品开发可以尝试从服务器、Cookie 等方面进行技术优化，而运营者则可以给予方向性的建议，告知开发人员用户需要的到底是什么样的产品和功能。

总而言之，只有在各方的配合下，才能使挽回流失用户的工作达到最佳效果。不过这里也要提醒运营者，阻止和挽回流失毕竟是一种高难度的任务，不可能一蹴而就。如果一次尝试的效果不理想，也不要灰心丧气，可以换个角度寻找新的方法。运营者需要付出足够的耐心，才会有更多的回报。

让种子用户帮你引爆社会化营销

社会化营销，就是利用论坛、微博、微信、在线社区、多媒体等手段传播与产品和品牌有关的信息，以提升产品的网络曝光率，增加流量、点击，引来新的用户，带来高质量的销售机会。在这个过程中，“种子用户”能够发挥十分重要的作用。“种子用户”往往自身具有一定影响力，并且主动传播能力强，能够吸引更多目标用户，他们就像是扎根在产品沃土中的一粒种子，能够生根发芽长出硕果累累，会产品的社会化营销做出贡献。

正因为这样，很多品牌和产品都在努力寻找自己的种子用户，一些知名的互联网产品如知乎、新浪微博、小米手机等最初也都是靠着种子用户的扩散性而慢慢被更多的用户所熟知，比起花费大量资金购买广告位做宣传，种子用户的营销作用成本更低，而且在适当的条件下，有可能发生引爆式的效果，使产品实现病毒性营销，快速复制传递给数以万计、百万计的受众。

MIUI（米柚）是小米科技基于安卓技术开发的手机操作系统，如图4-5所示，2010年8月，MIUI发布了了第一个内测版。作为一个新生产品，如果以最小的成本做到让用户周之并产生兴趣呢？小米CEO雷军给运营下了硬指标，要求在不花钱的前提下为MIUI找到100万用户。这可难坏了负责人黎万强，他能想到的最好办法是从“种子用户”入手，为了实现100万用户的目标，最少要找到100名有社会化营销能力的种子用户。

于是小米员工们每人注册几百个账号，一面到各大论坛发软文、广告，一面寻找符合要求的种子用户。后来从机锋、安智等专业论坛找到了100位符合要求的用户，他们大都是智能手机用户中的佼佼者，在周围人群中有着意见领袖的地位，对于普通用户的号召力很强。小米称他们是“梦想赞助商”“荣誉开发组”，与他们持续互动，一对一沟通，邀请他们参与MIUI的设计、研发工作，提前参加产品测试，并提出有建设性的意见帮助系统不断完善。这些种子用户在试用MIUI之后，感觉系统流畅好用，就很自然地将它通过自己的关系渠道如微博、QQ群、论坛等传播出去，粉丝对他们的推荐非常拥护，并主动在线上线下进行更多的传播，就这样产生了爆炸性的效应，熟悉并爱上 MIUI 的人越来越多了。

与此同时，小米自己的论坛也建立起来，这 100 名种子用户和工作人员一起在上面发布精华内容，进行技术探讨，就连雷军自己也会每天花费一个小时来回复评论，借助他们的传播，MIUI 得到迅速推广。据统计，小米论坛每天有实质内容的帖子近 8000 条，无内容的水帖极少，其中很多技术方面的讨论帖如“巧用硬件检测，发现软件问题!”等都提供了实用的解决办法。而种子用户如果发现了问题，也可以在这里提出，并能即时得到工程师、产品经理的解答，这给了种子用户备受重视的感觉，他们对 MIUI 的感情更加浓厚，也为 MIUI 带来了更好的口碑和更多的用户。

就这样，小米为自己精心挖掘 100 个种子用户，再由这些种子用户带来源源不断的用户，当初雷军定下的百万用户的目标只用了一年多时间就已突破，其后发展势头更是强劲，截至 2016 年 1 月，MIUI 联网激活用户已经达到 1.7 亿，遍布 150 多个国家和地区。

图 4–5　小米米柚系统

小米蹿红的经历可以帮助我们认识到“种子用户”的宝贵价值。其实有很多产品或服务之所以昙花一下便销声匿迹，很大的原因就是因为没能正确或有效地认识并利用好“种子用户”。在产品上线前后，种子用户可以通过提前内策来帮助企业完善产品，提高产品的成功率；在产品推广期，种子用户又可以将自己的体验传播出去，靠自己的影响力为企业吸引更多新用户。从某种意义上说，找到并运营好种子用户，产品至少可以成功一半。

下面我们就来讨论一下如何尽快找到种子用户，并利用种子用户引爆社会化营销的具体方法。

1. 准确定位种子用户

想要找到种子用户首先应当对其做准确的定位。种子用户与活跃用户、目标用户、核心用户等的内涵都不同，比如活跃用户使用产品的频率很高，但他们不一定有种子用户那样的巨大影响力；而核心用户虽然有一定影响力，但不一定具有种子用户“大公无私”的分享和传播精神。所以运营者应当将目光集中到那些既有专业影响力，又热衷于分享和传播，同时行为较为活跃的用户身上，将他们作为“种子”从站外引入站内。

小米在寻找第一批种子用户的时候，就将他们定义为“手机发烧友”+“手机论坛资深用户”+“意见领袖”，然后根据这个定位再到各大专业论坛中，研究各种精华帖子，从主帖到回复反复过滤筛选，最后从成千上万的 ID 中找到了种子用户。他们不像一般的用户仅仅只是把手机当成通信工具，而是深入研究各种品牌手机的优缺点，钻研每一个应用程序的全部功能，他们的发言专业、实用、让人受益匪浅，在各大论坛都拥有一批忠实的粉丝，而这样的人才恰恰是小米迫切需要的。于是小米想方设法与这些用户联系，将其发展为自己的种子用户，为之后产品的迅速发展奠定了基础。

2. 找到并获取种子用户

在成功定位种子用户后，运营者可以到这类用户经常出没的论坛、社区、QQ 群、微博、微信群、豆瓣小组去寻找种子用户，在寻找时要根据自己产品的性质决定寻找的方向，比如产品风格比较的“文艺范”，就适合到豆瓣去寻找具有文艺情怀的种子用户；产品是类似 MIUI 这样的“技术流”，就适合到专业论坛去寻找种子用户。种子用户的数量不必多，但质量一定要“精”，否则花费很大力气找来大量“伪种子用户”，反而会因他们的偏见而影响产品的成长和发展。

找到种子用户后，可以通过私信、私聊、留言等方式与他们进行一对一的互动，这种互动非常考验技巧，特别是在向种子用户介绍自己的产品一定要突出能让他们感兴趣的功能特点，打动他们之后，再向他们发出邀请或招募的“橄榄枝”。如可以向他们发送内容简洁而真诚邀请文案，明确地告诉他们希望他们能做到什么，并可以提供像现金奖励、VIP 特权等的回报。这种文案不宜做成群发模式，每一份文案中都要准确写明用户的称呼、名字等细节，让用户感觉到一种“求贤若渴”的诚意，他们才有可能欣然接受。

除了线上互动之外，还可以与种子用户进行线下互动，如举办同城交流会、产品展会并邀请种子用户参加，通过显现互动加深与他们的接触，让他们能够被产品的愿景所鼓舞，愿意和产品一起共同前进。

3. 做好种子用户的维护工作

种子用户是需要维护和管理的，否则他们也会有流失的可能，之前辛辛苦苦寻找种子用户的努力就会完全白费了。所以运营者将种子用户导入产品后，要马上将系统的维护工作运作起来，可以组建一个种子用户群，并在群里开设课程对种子用户进行培训，增进他们对产品的了解；还可以发布一些有意义的话题讨论，拉动用户参与群聊并养成习惯，同时群成员之间的联系也会越发紧密；另外，也可以经常举行线上的有奖活动，鼓励种子用户贡献有价值的内容，并用适当的奖励对他们进行激励，提升他们与产品之间的关联度。

此外，运营还可以组织一些线下见面活动，在条件允许的情况下邀请全部或大部分种子成员参加，将种子用户群发展为一个亲密无间的小社群，用关系的力量将种子用户牢牢紧握，使他们不会轻易流失。

4. 利用种子用户做营销

当种子用户对产品已经非常熟悉之后，就可以着手进行社会化营销的工作，在这方面运营者要注意给种子用户提供足够的“素材”。也就是说，要想方设法让种子用户能够从产品的功能、特点等提出想法和意见，或者创造话题让他们讨论甚至争论，再引导他们与其他用户分享，达到广泛传播的结果。为了方便种子用户发表意见，还可以建立相应的平台供他们尽情发挥，比如小米论坛就是这方面有代表性的例子。

另外，为了鼓励种子用户传播信息的积极性，应当提前设置好激励机制，种子用户发布的文章得到了较多转发或引起了热烈讨论，应当及时给予奖励，奖励可以有论坛头衔、积分等精神奖励，也可以有现金、代金券、购物卡等物质奖励。

需要提醒的是，在种子用户刚开始与产品进行接触的时候，由于使用不习惯或产品本身设计不纯熟等诸多原因，很可能引起种子用户对产品的不满。对此运营者应当及时与种子用户沟通，并疏导他们的情绪，切勿让他们在冲动之下到公开场合发出了一些负面评价，由于种子用户本身的言论在普通用户中信用度极高，这种负面评价就会给产品口碑造成难以估量的损失，这种情况是运营者应当注意警惕的。所以在日常与种子用户沟通的时候，对他们有建设性的意见一定要及时反馈，并采纳这些意见用于改进产品，让种子用户亲眼目睹产品在他们的帮助下进步和成长，他们的不满情绪就会渐渐消除，也会慢慢转变态度，开始主动地为产品做宣传和推广了。

循序渐进，培养用户使用习惯

纵观形形色色的互联网产品和品牌，可以发现那些成功之作之所以能够一直占领市场主流地位，是因为它们已经让用户养成了一种使用习惯。当用户在日常使用的时候几乎是不假思索地想到了这种产品，而且使用习惯一旦形成常常很难改变。正因为这样，许多运营者梦寐以求地想要培养用户的使用习惯，但是这并不是一件容易做到的事情。

用户能够形成使用习惯，首先需要用户使用产品的频率达到一定程度，其次还要保证用户对产品的价值有充分的认可，这种价值可能是竞品无法提供给用户的。这两点缺一不可，也是运营者在培养用户习惯时必须优先考虑的切入点。

全球最大的中文搜索引擎百度（见图4-6）从创立之初就从用户搜索习惯出发，打出了“活的搜索改变生活”的口号。百度首页一直保持着极简的风格，白色页面主体是醒目的百度LOGO和下方的一个长条搜索框，其他的新闻、图片、贴吧、地图等功能则退居到页面的右上角。为了更加清晰地引导用户，搜索框右侧的按钮还有“百度一下”的文字提示，这种风格已经朴实到了极点，但用户却很喜欢这种清楚、明白的表达方式。哪怕是电脑水平极低的用户，也知道怎么使用百度搜索，甚至当用户不知道该如何准确描述自己要搜索的内容时，百度也会自动解析模棱两可的关键词，将用户引向内容接近的网页或“百度知道”，于是用户距离自己想要的答案就会越来越近。

由于百度搜索具有使用方便、人性化、接受模糊搜索、中文输入等优点，因而逐渐在搜索引擎市场中脱颖而出，很多刚刚接触互联网络的中老年人也知道“百度一下”可以解决自己的很多问题，查菜谱、快递、外出路线，搜索电影、电视剧等，百度搜索不知不觉和生活中的方方面面知识联系起来。同样，只要设置合适的关键词，用户也可以通过百度搜索找到专业论文、文献书籍、科技知识等。百度搜索几乎能够满足任何层次的用户的需求，再加上百度首页或导航网站的搜索框比浏览器地址栏要友好得多，很多人便直接把百度设置为搜索引擎，用户习惯就逐渐培养起来。在此基础上，活跃度、留存率也能够得到保证，截至2015年8月，百度搜索月活跃度达到3.84亿。

图4-6　百度官网首页

百度搜索之所以能够成功，就是因为培养出了惊人的用户习惯，能够让用户轻松、快速地找到自己需要的信息，而且这种信息无所不包，在长期使用过程中，用户对产品的依赖性越来越强，养成了随时随地“百度一下”的使用习惯。相比百度，雅虎、爱问、搜狗、中搜等产品虽然都有各自的独到之处，但是却没能做好用户的习惯养成。在用户已经普遍认准了百度的情况下，这些产品想要在短时间内取代百度几乎成了不可能完成的任务。

就拿中国搜索来说，官网首页采用了“搜索框+丰富的热点内容”的风格，热点内容又包罗了网友热搜、报刊导读、热门图片、热搜百科、热播视频等多种多样的信息，感觉有点喧宾夺主，容易将用户的注意力从搜索自己需要的知识转移到阅读不相干的内容上去。另外，在中国搜索的首页左上角，还设置了头条、新闻、导航、图片、视频、百科、地图、报刊等诸多入口，乍一看功能非常丰富齐备，但实际上却有些冗繁累赘的感觉，很多用惯了百度的用户并不喜欢这样的风格。而在中国搜索的搜索框中随意输入一个关键词如“电影”，首先出现在用户眼前的是关于“电影”的国搜百科知识以及一些相关的电影新闻，视觉效果比较杂乱，让用户有不知从何入手之感。同样在百度搜索“电影”，出现的第一个结果则是当前的热门电影、最新电影、用户好评以及各地影讯，然后是用户可能会感兴趣的电影吧、电影播放网站等等，这些信息按照相关性依次呈条排列，清晰可取，也就是说不管是用户想到的、没想到的信息，百度搜索都提供“一揽子”的解决方案，能够让用户养成使用习惯也就不足为奇了。见图 4-7 所示。

图 4-7　中搜首页

那么，应当如何像百度搜索一样培养用户的使用习惯，让他们不厌其烦地持续使用呢？以下提供几种方法供运营者们参考。

1. 解决用户关注的“痛点”

这是运营在进行拉新的工作时就要做好的问题，对于那些不熟悉产品的用户，应当明确告知他们你的产品能够解决他们的什么问题，能够解决到什么程度。并且要让用户在实际使用中切实感受到产品带来的便利，他们会对产品产生“相见恨晚”的感觉，使用习惯的形成也成为可能。不过要做到这一点，运营者需要进行大量的调研工作，一方面是对自己的产品与竞品相比的优势了如指掌；另一方面是找到用户最为关注并急待解决的“痛点”，这两方面的工作缺一不可。

2. 在与用户互动中加深联系

用户在最开始使用产品的时候肯定会有这样那样的不习惯，这个时候也是最需要做好维护管理工作的，否则用户遇到了难以解决的困难，就会对产品感觉失望，很有可能选择离开而成为流失用户。所以运营应当注意与用户做好互动，可以选择有代表性的用户与他们一对一沟通，问问他们在第一次使用产品时有哪些不习惯的地方，以及希望得到什么样的帮助。

当用户得到了较好的引导后，他们才能够顺畅地体验产品的使用，而他们提出的一些问题也可以为产品改进提供一些好的思路，解决好这些问题，更多的新用户加入的时候就能够减少很多困惑，他们从产品中得到的体验越完美，形成使用习惯的可能性就越高。

3. 利用“场景化”培养使用习惯

所谓“场景化”就是将产品与用户的使用场景紧密地联系起来，让用户每次进入该使用场景时，都能在第一时间想到产品或者产品的某个功能。比如用户在休闲时刻，想要找一部好看的影片打发时间，这时用户马上就想到了能够对影片提供中肯评价的豆瓣网，在豆瓣电影分区内，很多影片都有无数用户给予评分和评价，影片是否值得一看，用户只要参考大众的意见就能得出结论。这样就形成了一个场景化的例子，用户的习惯决定了他在场景化下优先选择使用产品。

而要形成这种习惯，就需要产品功能做到精细化，与其他竞争对手相比要有明显的差异化。至于运营者要做的工作则是寻找出场景化的功能，再通过举行活动或者其他方式，持续强化用户对产品的场景化印象，使得这种印象固化到用户的行为中直至成为一种潜意识。这样产品才能被用户所重视，一旦他们处于运营曾经告知的场景的时候，就会第一时间想到产品，这样做远比单纯告诉用户产品有什么功能要有效得多。

4. 不断提醒用户直至习惯形成

在使用运营者推介的产品之前，用户可能有自己一定的旧习惯，而要改变习惯通常是十分困难的，运营者不能期望能够一蹴而就，但可以不断地提醒用户，让他们增加使用新产品的频次，以免他们又恢复了之前的使用习惯。比如运营者可以通过消息推送提醒用户，产品有什么新活动，功能有什么新改变，目的就是要加深用户的记忆，以免他们回到旧的习惯中去。

为了对用户形成持续不断的吸引力，运营者可以不时地给他们一些富有诱惑力的奖励、优惠等。比如亚马逊平台就采用了“全网最低价格”的办法来给用户制造惊喜，当用户在亚马逊搜索某样商品时，会发现最低价格比淘宝、当当、京东等商城还要低，这让他们在惊喜之余，也深刻地记住了亚马逊，到下一次有购物需求时，第一个想起的会是亚马逊而不是之前习惯使用的某个商城，久而久之，购物就去亚马逊的习惯就会自然形成。

当然，培养用户使用习惯的方法还有很多，运营者可以根据产品的特点、用户群的特征等进行选择。不过无论采用什么样的方法，都要注意不要带着急于求成的心态去争取用户，要知道从旧习惯的改变到新习惯的养成是一个比较漫长的过程，因此运营者应当把握循序渐进的原则，多收集用户需求信息，多与用户沟通，让用户真正了解产品的价值，成功的机会也能提升不少。

第五章

用数据给运营指路

数据是运营工作的“指示灯”，渠道质量好坏，产品受不受欢迎，内容是否有价值，用户活跃度高低等，都可以通过研究不同时期的数据来找到答案。

快速认识数据运营

谈到数据，可能很多运营者会感到无从着手，做运营需要哪些重要数据？ 通过分析这些数据怎么看出运营效果的好坏？ 靠谱的数据从哪里来？ 如果运营者一直被类似这样的问题困扰，就说明对于数据运营的概念和框架还缺乏一个清楚的认知。

数据运营，听上去“高大上”，但只要目的明确、思路清晰，就会发现它其实并不神秘。 数据充斥在运营的各个环节，产品运营、内容运用、活动运营、用户运营处处都需要以数据为基础。 通过研究不同时期的数据，能够发现问题，推动新的解决方案诞生；利用数据来决策，则可以避免基于偏见、经验而发生的盲目运作；并且数据还可以帮助企业发现新客户、新市场，回顾潜在的威胁和风险。 数据，使运营工作准确化、精细化，更能够适应互联网快速变化的节奏，并可根据市场和用户的变化做出及时的调整。

用简单的图示来认识数据运营的工作，就是监控产品运营、内容运营、活动运营、用户运营的过程，并做好数据的搜集、分析、挖掘工作，之后这些数据又可以反过来支持活动的流量分析、用户的画像分析、产品的功能优化、内容的精细化管理等，如图 5-1 所示。

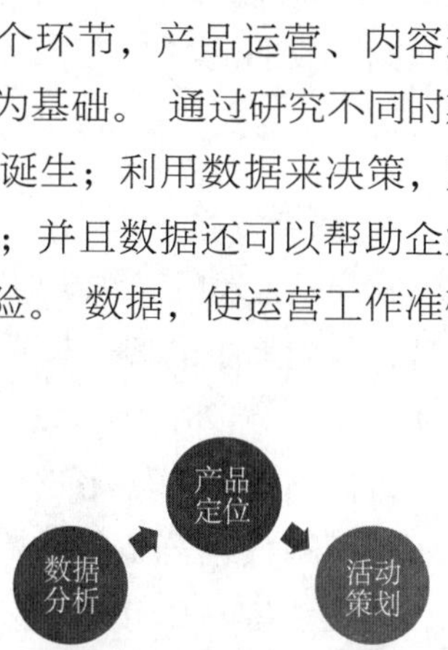

图 5-1　运营框架示意图

如果具体分解，数据运营的整个框架又可以划分为以下几个层次。

1. 数据收集

在进行数据收集前，首先要明确运营的目的，即想要解决什么样的业务问题，再根据目的收集某一个方面的相关数据并进行整合。目的是提升用户的转化率，就需要收集用户流量、销售额、总体转化率、用户复购率、客单价等相关数据。至于数据的来源，除了有用户浏览、使用产品时记录下来的内部数据外，还包括通过线上问卷、线下调研获取的定性数据，以及在进行对比分析时需要用到的行业数据、竞品数据等外部数据。

2. 数据整理、汇总

收集到的数据还需要进行整理、汇总后，才能用于分析工作。这主要是因为数据中可能还有虚假信息，必须进行去伪存真的工作。如有些网购平台上存在着为了提升销量虚假刷单的行为，这样的数据没有研究的意义，应当尽量剔除，让数据能够更好地反映真实的消费场景。

在数据经过净化后，还需要以统一的数据标准对其进行汇总，这是因为很多企业下属各个部门的业务重点不同，对数据的理解往往存在偏差，也没有做到数据共享，像留存率、新增用户、转化率、收入指标这些数据有很细的多分支，每个部门重视的数据和计算口径可能都不一样，如果不对其进行统一标准和口径的汇总，数据就会变成一团乱麻。

3. 数据分析

收集、整理的工作结束之后，就可以采用各种手段进行数据的分析处理，找到其中的规律与联系，可以及时分析出现这种结果的原因，并尽快优化。另外，则可以利用数据指导下一阶段的运营战略，并对各类指标进行预测，实现精细化运营的目标。

常用的数据分析方法有对比法、关联法、交叉法、相关法、预测法、归因法等，除了人工分析和核算外，还可以用到 Excel、SPSS、SAS、Matlab 等专门的数据分析工具。对于数据分析的结果，可以以数据图表的形式如柱状图、条形图、饼形图、漏洞图等来呈现，效果将更加直观，也方便其他部门的同事和上级领导研究参考。

4. 数据运用

进行数据分析的目的是为了更好地指导运营工作，因此不仅要重视分析，更要发现数据背后隐藏的问题，提出解决建议和具体措施。运营者可以根据数据分析的结果一方面从业务层面进行建议措施；另一方面就问题点进行更深层次的分析，给出数据挖掘层面的解决措施。

举一个简单的数据运用的例子：某电商在国庆节期间做了一个大型的促销活动，但效果不太理想，运营必须通过数据找出问题所在。这样就需要梳理用户的整个消费流程并收集相关数据，用户的关键行为包括打开活动页面，点击页面上某一商品并下单购买。另外也要考虑到有部分用户不是通过活动页面进入，而是通过搜索商品关键字进入商品页面发生购买行为。因此在收集数据时需要从这两方面入手，收集各页面的点击率、浏览时间以及用户的消费金额、转化率、客单件等，再确认是用户的哪个行为数据出现了异常，最后通过对比分析法发现浏览时间的数据有问题，甚至不如平时的浏览时间长，之后从页面上找原因，发现详情页的第一张海报图不够吸引人，没能体现出节日优惠的力度，于是运营马上联系美工及时修改海报，之后浏览时间明显加长，下单的用户也逐渐增多了。

在具体工作中，运营者遇到的情况可能会比上例复杂烦琐得多，为了更好地呈现分析的结果，运营者应当将完成的分析过程、结果以及评估整理形成报告，报告要求文字简练、层次明晰，无论任何部门的同事阅读都不会出现理解上的困难。同时报告应做到图文并茂，以提高视觉冲击力，帮助阅读者产生形象化的认识，并引发后期的思考。

从数据指标看渠道质量好坏

渠道推广是很多运营者会接触到的工作之一，就是要通过各种免费、付费的渠道及资源引来流量，从而为产品积累人气、获取用户、提升口碑，并为企业创造更多的效益。不过让运营者十分烦恼的是，很多渠道投放的效果并不理想，用户留存率不好，没有转化，无法给产品带来明显的增益。更严重的是，有些付费渠道带来了大量流量，获得了惊人的激活量，真实用户数却少得可怜，花费大量时间、金钱做推广，结果却是为无良渠道商做了“嫁衣”。

如何避免出现这些问题？这就需要运营者学会分析流量数据，并借此鉴别渠道的质量好坏，控制并提高渠道的推广效果。这里所说的流量数据，可不能局限于页面访问量（PV）、独立访客（UV）、来访次数

（VV）等最常见的基础指标，而是广泛参考数量指标、转化率指标、质量指标、收入指标等多维度的数据，以下实现对渠道效果的精准判定。

某公司的一款新产品上线后，为了提升产品曝光率、拉动新用户使用，运营开始进行多渠道投放推广，特别是线上付费推广花费已经累计十多万元。但是分析各渠道的详细数据，却发现了很多问题。

其中，在甲渠道投放的广告单日点击量超过 1.5 万次，抵达产品页面并下载的次数约 8500 次，下载成功的次数约 3000 次，点击安装次数约 2600 次，安装成功次数约 1650 次，激活次数约 1450 次，注册约 1250 次，登录次数约 1100 次。

而在乙渠道投放的广告单日点击量超过 2 万次，抵达产品页面并下载的次数约 9000 次，下载成功的次数约 2000 次，点击安装次数约 1800 次，安装成功次数约 900 次，激活次数约 750 次，注册约 600 次，登录次数约 550 次。

两个渠道的费用投入几乎不相上下，可是效果却有明显差别。如果仅仅考虑广告触达的效果，乙渠道的效果是好于甲的。但是分析各个环节的转化率，就会发现乙渠道明显弱于甲渠道。特别是从点击广告到点击下载，甲渠道转化率约为 8500/15000 = 57%，乙渠道仅为 45%；而从点击安装到安装成功，甲渠道转化率约为 1600/2600 = 63%，乙渠道仅为 50%。

比较两个渠道的广告投放效果后，运营者觉得加大对甲渠道的广告投放，适当减少对乙渠道的广告投放。与此同时，运营者发现渠道丙的沉默用户数据出现了明显异常，渠道丙带来的注册用户数不少，但基本上从第二天起就很少再次登录，近 30 天沉默用户比例高达 93%，而其他渠道这个数据都是低于 50% 的。综合参考留存率、启动次数、用户回访间隔、人均使用时长等多种数据分析，运营者发现该渠道存在用假流量冒充真实用户的恶劣行为，于是公司马上停止了与该渠道的合作，并决定追究其责任。

在上述案例中，运营者通过分析各种数据指标，能够对各渠道获取用户的能力进行衡量；但仅仅达到这个数量层级还是远远不够的，还需要通过下载、安装、注册、转化等各方面的数据进行质量分析，以了解渠道用户究竟是不是产品需要的目标用户。

最后，运营者还要考虑到收入与成本之间的平衡关系，好的渠道应当能够为公司带来实在的收益，这是体现渠道价值的最佳方式，同时用户获取成本还应当在可接受的范围之内，否则收入不足以弥补渠道成本，这样的渠道推广就失去了意义。

在对各个渠道的投放效果进行衡量和评判的时候，运营者应当学会熟练应用以下这些数据指标。

1. 数量指标

渠道推广的第一个目标是接触到尽可能多的用户，这就要求渠道有较强地获取用户的能力，这种能力可以通过以下几种数据来进行衡量。

（1）PV（Page View） 即页面访问量、浏览量或点击量，同一个用户每次刷新页面都会被计算为一个 PV，即使页面没有完全打开（下载完成），也不影响 PV 统计。

（2）UV（Unique Visitor） 即独立访客，访问产品或某个页面的一个电脑客户端（IP）为一个 UV。同一天内，同一 IP 的访客进入网站只算一个 UV。用 PV/UV 的比值，可以简单看出渠道数据是否有较大偏差，一般这个比值的合理范围是 5~10 倍，如果比值过高，该渠道就可能存在刷流量的嫌疑，需要结合其他数据再进行判定；但如果比值过低，就可能需要从产品上找原因，有可能可跳转页面太少、内容吸引力太低等，无法引起用户点击其他页面的兴趣。

（3）新增用户 指渠道为产品引来的新用户数，比如 APP 的新增用户指的是将 APP 安装在手机、平板电脑上后，点击并打开 APP 的数量。

（4）有效新增 新用户第一次使用产品后的 24 小时~30 天内再次使用的用户数量。“有效新增”的数据比“新增用户”数据更能体现出渠道的拉新能力，否则新增用户再多，而第二天就成为沉默用户，这样的渠道就没有什么价值了。

除了上述这几种指标外，运营还可以根据产品的性质参考下载量、成功下载量、安装量、激活数等更加细化的指标，在统计这些数量指标的时候要注意做好去重的工作，比如有的渠道商为了刷数据，今天安装了产品，第二天删除了再重装，收集这样的数据就可能对分析工作造成误导。因此运营者可以考虑对比历史数据库等资料观察数据是否有明显的偏差，争取以比较准确的数据为基础对各渠道进行考评。

2. 质量指标

渠道为产品引来了源源不断的用户，但是这些用户的质量如何还需要通过数据来进行检验。 运营者希望用户能够对产品产生强力的兴趣和较高的黏性，同时会频繁使用产品成为忠实用户，为产品带来越来越多的收益。 但是各渠道引进的用户往往仅有一小部分能够让运营者感到满意，问题出在哪里？ 下面的这些数据指标就可以用来解答这个疑惑。

（1）平均在线时长　也叫平均访问时长，即访客每次访问产品或某一页面后停留时间的均值。 如某网站 1 天内所有访问的总时长为 6000 秒，而访问次数为 800 次，那么平均在线时长就是 6000 秒/800 = 7. 5 秒。 这个数据能够反映两方面的问题，一方面是产品内容对用户是否具有吸引力，吸引力越高用户的停留时间显然会越长；另一方面，如果平均在线时长极短、明显不符合正常情况，则可能是渠道存在刷流量的作弊行为。

（2）跳出率　也称为“蹦失率”，指的是用户访问产品或某一页面时，仅浏览一个页面就离开的访问次数与总访问次数的比率。 跳出率可以用于衡量该页面的内容质量，也可以分析渠道投放质量，跳出率高可能是渠道选择失误、付费关键字定位不准、客户群定位失误等多种原因造成。 对于那些跳出率严重高出正常值的渠道，要重新鉴定渠道客户群是否与产品定位由较大偏差，另外则要鉴别是不是虚假流量引起的跳出率高。

（3）用户留存率　指的是新增用户中仍然登录的用户数量与新增用户数的比率。 这个指标需要长期跟踪，分别考察次日、3 日、7 日、30 日等时段的留存率。 从用户留存率可以衡量不同渠道的质量，比如 A 渠道 1 月新增用户数 2000 人，到 2 月留存率为 50%，3 月为 25%，4 月为 15%……B 渠道 1 月同样新增用户 2000 人，到 2 月留存率为 30%，3 月为 15%，4 月为 10%……由此就可以看出 A 渠道引来的用户在质量上要好于 B 渠道，能够为产品带来更多高黏性的用户。

（4）用户流失率　即一段时间内的流失用户总数与总注册用户数的比率。 而新用户流失率则是当天的新用户流失数与当天的总注册用户数的比率。 这些数据指标可以反映出产品是否具有保留住新用户的能力。 如果流失用户中一次性用户较多，或出现流失率严重高于预期或突然大幅升高的情况，有可能是渠道与产品契合度太低，也可能是刷流量引来的虚假用户太多，不建议继续使用该渠道投放广告。

另外，活跃用户数、活跃率等指标也可以用来衡量渠道的质量，同时运营者可以根据产品的实际情况增加对一些指标的考察，如付费游戏类的产品还可以考察首周付费率等数据。

3. 收益指标

采用渠道推广的终极目标是为了实现收益，即用最小的成本产生最理想的投放效果，为产品带来最有价值的用户。特别是电子商务、游戏类的产品，更是需要关注这方面的指标，以衡量各渠道的实际变现能力。

（1）付费率　指的是付费用户数与活跃用户数的比率。这个指标能够反映出用户运营的效果，同时也能用于渠道质量的评估，如果渠道质量很好，带来了很多目标用户，即便用户运营与产品体验一般，付费率的数据也还是能够差强人意。

（2）每用户平均收入（ARPU）　即一段时期内，总收入除以付费用户数后获得的均值。这个指标还可以进一步细化为日均每用户平均收入（ARPPU），能够反映平均一个用户为产品贡献的收入，根据这个指标可以判断某个渠道获得的用户成本是否与收入相称，一般付费率和日均每用户平均收入的数据越高，代表该渠道的用户贡献的价值越高。

通过对以上各种数据指标的分析和研究，相信运营者对如何评估渠道质量已经能够做到心中有数了。在实际应用时，运营者可以将自己关注的指标按照重要性赋予权重，再通过权重值对各个渠道进行综合排名，从中找到最适合产品推广的渠道，需要提醒的是，在对比不同渠道的数据同时，还要兼顾统一渠道在不同时期的数据表现，多对其进行纵向的环比分析，以更加准确地评价渠道的好坏。

在完成了渠道质量的评估之后，运营者可以及时调整渠道推广策略，如将资源尽量向质量高、成本低的渠道倾斜，并根据收集到的数据进行关键词、落地页、广告投放的优化，以实现收益的最大化；而对于那些质量高、花费也高的渠道需要做好成本评估工作，采用更加合理的投放措施；另外，运营者应尽早与低价值渠道终止合作关系，以解决白白烧钱却没有效果的问题。

借助数据深入剖析用户群体

用户是产品能够生存并得到发展壮大的基础，在竞争激励的互联网各行业，哪家企业的产品拥有的优质用户资源越丰富，就越能够在竞争中脱颖而出并攀登上行业的巅峰位置。也正是因为这样，深度剖析用户需求，理解用户行为习惯的重要性更是远胜以往。我们的产品最适合什么样的用户？他们需要从产品中得到什么？怎样做才能让用户始终使用我们的产品？

凡此种种问题，我们都可以借助数据来找到答案。如从产品平台的人工调查分析，可以获得访问用户的年龄段分布，具体得出目标用户的年龄数据，按照同样的方法可以分析出目标用户的职业数据等；而从后台的 IP 地址中可以分析得到用户的来源数据，看看哪些省份的用户最喜欢使用我们的产品。另外，通过网站后台数据并结合技术分析，可以得到用户的访问次数数据、浏览习惯数据、登录时间数据、停留时间数据、留存率数据等，这些数据能够让我们完成对目标用户“画像”的工作，分析出他们的行为习惯和真实需求，继而用于指导、优化各项运营工作。

某摄影社区是一个图片社交网站，能够让用户将自己拍摄或收集到的照片上传到网站保存，并分享给好友，同时也可以点评好友的照片，学习一些专业的摄影技巧，参加小组外拍活动等。由于前期宣传工作到位，新增用户数持续上升。然而该社区运营负责人通过数据发现，新注册用户在第二天很少会再次打开产品，数据显示回访率不到 30%。

为了找出症结所在，运营负责人把某天新增的用户划分为“会回访的用户”和“不会回访的用户”两个用户群体，然后分别对比两个群体的特征及使用行为，结果发现“回访用户”往往在首次使用产品时就分享了至少一张照片，或查看了其他自己感兴趣的活动页面；而“不回访用户”在首次使用时大多只是略加浏览便匆匆离开，更谈不上主动分享照片了。

通过这个发现，该运营负责人想到如果鼓励用户在首次使用产品时就主动分享照片，他们对产品的印象加深，之后的留存率就有可能提高。于是运营负责人与产品经理和其他团队成员进行沟通，对用户需求进行了更深入的分析，决定对产品进行功能优化。在优化的新版本中，用户首次使用产品并分享一张照片，可以获得50分的社区积分和一套“新人报道”的表情秀，而且社区积分积攒到3000分，就可以在社区商城领取相应的奖品。这次优化让很多新用户产生了兴趣，他们按照引导说明，分享了自己的第一张照片。

与此同时，该运营负责人又趁势组织开展“月度最佳照片评选”等一系列活动，让社区的氛围更加活跃，刺激了用户分享照片和点评互动的行为。随着活动的进行，新增用户数和回访数都得到了提升，活动结束后一段时间，回访率仍然维持在60%以上，大大超过了之前的水平。

很多运营者也会遇到类似案例中的这种问题，拉不来新用户，或是辛辛苦苦拉来了用户，却有留不住人。在出现问题的时候，不妨像案例中的这位运营负责人一样，认真地分析一下相关数据，再从数据反推原因，去找出可以更好地满足用户需求和提升用户体验的办法。

1. 运用数据了解用户使用行为

用户来到产品平台后都产生了哪些行为，为什么有的还会回访，有的则成为沉默用户，这些问题可以通过用户行为分析数据找到答案。例如，用户对每个模块的点击率、点击量、访问量、跳出率反映出用户对该模块感兴趣的程度；用户的停留时间、访问次数能够反映出产品对用户是否具有足够的吸引力。另外，运营者还可以通过用户的行为对用户进行年龄、性别、地域、使用习惯等的分类，然后根据不同群体的特征，进行精细化运营，促进用户的回访。

如用户登录了某论坛，在论坛上阅读各种帖子，并发生发帖、回复、评论、转发、分享等多种行为，我们就可以搜集相关数据并按照使用习惯来进行分类，如“喜欢创作内容的用户群体”“只回复不发帖的评论员”“只浏览不回复的潜水员”等，其中“喜欢创作内容的用户”又可以分解为“高价值内容产生者”“热衷分享者”“灌水员”等，然后针对其各自不同的特点制定相应的用户运营策略。当然，这种用户分类只是按照“使用习惯”这个单一维度进行的，在具体工作时我们需要从多维度的数据对用户行为进行剖析，由此得出的结论才会更加准确而全面。

2. 研究数据想办法提高用户留存

了解用户行为的目的是为了更好地留住用户，避免用户流失，因此与用户留存相关的数据是运营者一般都会重点关注的对象。只有做好用户管理、维持的工作，才能进一步考虑如何实施产品增益和品牌传播。

对用户留存数据的分析可以借助一些专业的工具，比如数据分析产品 GrowingIO 无须在网站或 APP 中埋点，就能够获取并分析全面、实时的用户行为数据。运营者可以借助这款工具生成留存率图表，比较一段时间内的新增用户在之后各时间段的留存率。为了让运营者更好地把握用户的留存率变化趋势，该工具还提供留存曲线图供参考。运营者可以选择曲线上处于“振荡期”的时间段，对其进行适当优化，能够有效缓解用户流失的问题。

为了更好地分析用户留存情况，运营者还可以按照不同的时间、行为等进行用户留存率研究。比如某产品 APP 某日获得的新增用户，在一天后留存率为 31%，两天后留存率为 18.5%，三天后留存率为 13.7%，这种方法就是按照时间段进行分段研究，可以发现留存率在哪个时间段出现了明显的下降。而本节中案例则是按照用户行为来进行用户留存率研究，案例中通过比较可以发现，“首次使用并分享照片”的新用户与“首次使用没有分享照片”的新用户在留存率上相差很多，说明“分享照片”对新用户留存能够起到正向促进作用，这样运营者就可以从鼓励“分享照片”入手来策划活动或改进产品，来提升用户留存了。

3. 精细化数据运营以促进转化

做好转化是运营不可忽视的目标，而在这个过程中，用户数据能够起到非常重要的作用。研究数据，可以帮助运营者准确发现用户行为的每一环节出现用户流失的原因，进而能够有针对性地策划和实施运营策略，从而提升每一个环节的运营效率和转化率。

用户在使用某电商平台进行购物的整个过程中，从浏览页面—注册登录—添加购物车—下单—付款的每个环节转化率呈漏斗状分布。运营者发现越到漏斗下端转化率越低，特别是下单到付款的转化率数据低得异常，这就有必要分析其合理性，在比较了各个渠道用户的付款转化率后，发现 PC 端的转化率大大低于其他渠道，接着比较了 PC 端在其他时段的付款转化率，又发现某时段的 PC 端转化率数据确实存在异常，于是运营者可以集中精力到 PC 端某时段的数据中寻找原因，而不至于漫无头绪地到处查看数据。这样无疑大大提升了运营效率，节约了运营成本，能够更加快速地发现并解决问题。

数据说明产品受欢迎程度

在产品运营的过程中，运营者经常会遇到各种各样的问题，比如产品对用户没有强烈的吸引力，下载量、注册量低，用户留存率持续下降。之所以会出现这类情况，主要是因为产品没有经过需求方面的预评估数据，在上线后又缺乏有利的数据监控，用户对产品各种功能的满意度、贡献度也没有定期的数据反馈与评估机制。像这样离开数据空谈产品运营，显然是行不通的。

数据在产品运营中扮演着至关重要的角色，深入分析各种与产品相关的内部数据，能够更好地把握运营工作，明确用户对功能和模块的需求，从而加速产品的改进和创新。另外，通过对比产品数据与竞品数据、行业数据，可以从中找到产品与竞品相比在功能、界面表现、盈利模式等方面存在哪些优势和劣势，并进行有针对性的改进，提升产品的市场竞争能力。此外，借助系统、明确的数据运营者与开发人员的沟通效率也可得到明显提高，能够起到节约沟通成本、提升运营管理效率的作用。

美图秀秀是一款著名的图片处理软件，与专业的图片处理软件 Photoshop 等相比，美图秀秀使用时更加简单，即使入门级的用户也能轻松地利用美图秀秀提供的智能边框、可爱饰品、魔术场景等美化自己的照片。2011 年，美图秀秀 APP 诞生，并很快占据了美图 APP 市场。目前约有 70% 的用户更喜欢实用美图秀秀处理图片，而由百度在 2012 年推出的“百度魔图”等产品的市场份额也在不断增加。

尽管美图秀秀人气最高，占据着市场最大的份额，但相比后起之秀“百度魔图”“快手”等却仍然有较大的压力。从月活跃用户数和人均使用次数来看，美图秀秀的优势地位即将被“快手”等产品赶超。有数据显示，2015 年 11 月快手的日活跃用户数与美图秀秀仅相差 20 万左右，而人均使用次数方面，快手月人均使用次数达 50 次，位居第一名。美图秀秀的成绩仅仅只有 13 次。

美图秀秀的霸主地位为何会动摇？主要还是因为产品功能迭代方面略显滞后。和百度魔图进行对比，从功能方面看，两款产品都提供“人像美容”的功能，但百度魔图则更胜一筹，可以支持用户对人像化妆，添加腮红、唇彩、眼线、美瞳，并提供丰胸和智能美容的功能，这对于追求极限美化效果的用户来说是十分具有吸引力的；而在素材方面，百度魔图能够提供更多的有趣而新颖的素材，并以主题套装的形式提供下载，紧跟潮流的跑男、小黄人、大白等主题套装都受到了用户的强烈欢迎。此外，美图秀秀比起新兴的一些APP，在分享、互动、社交方面还存在明显的不足。而百度魔图则有自己的美容资讯和娱乐中心版块，考虑到使用美图APP的女性用户占比超过65%，百度魔图就从女性需求出发，组织了化妆、P图攻略、减肥等女性关注的话题来促进互动讨论，极大地吸引了用户参与的兴趣，并炒热了产品平台的氛围。

上述案例中主要是通过对竞品进行数据分析，了解产品在行业中的地位及发展趋势，从中发现问题并制定下一步的运营策略。案例中的美图秀秀作为老牌的市场主导产品，核心功能虽然能够较好地满足用户的需求，但是对于素材库的及时充实以及功能的改进创新却不及新兴产品，无法给用户持续创造惊喜，再加上不断涌现的热门新产品的冲击，市场优势必然会受到严重威胁。对此团队应当转变思路，瞄准移动端推陈出新，多涉及一些新颖、实用的功能，并且依靠自己的大用户基数开启社交功能，运营者可以向促进用户交往、互动的方向发力，打造社区化、论坛化的平台，提升用户黏性，尽可能减少他们转向其他产品的可能。

竞品数据、行业数据属于外部数据，运营者在做产品分析研究时还需要结合各种内部数据得出更加“靠谱”的结论。

1. 从规模类数据看产品是否受欢迎

规模类的数据主要包括体现用户规模的下载量、注册激活用户数、总活跃账户、最高同时在线人数等，在一定程度上，用户规模数据能够反映产品的价值，反映产品被用户欢迎的程度，规模类数据出现问题，就可能是产品细节不到位引起的。

如某产品的下载量很多但注册激活的用户却明显减少，运营通过调查分析得知，用户认为注册过程过于繁琐，在点击注册页面的时候，要求手动输入地址、电话、邮箱等信息，使用户望而却步，特别是有的用户只是想要了解一下产品，就更不会花时间去填写这些资料了。了解了情况后，运营者与开发人员进行了沟通后，对产品进行了优化，改为

“30 秒快速注册”，用户只需要填写账号、密码就可以注册，在使用产品的过程中再逐渐引导用户填写地址、联系方式等信息。经过优化后，产品的注册率果然大大提升了。

2. 从活跃类数据看产品是否有黏性

活跃类数据如活跃用户比例、访问频率、停留时长、留存率、流失率、用户生命周期等能够反映用户的使用频次和对产品的依赖程度。活跃用户既包括新用户也包括老用户，而在产品的运营初期，新增用户占活跃用户的比例会较大，因为这时还没有形成老用户积累；在产品的成熟期，则会拥有较高比例的老活跃用户，老用户活跃度越高表示对产品的黏性越好。

当运营者发现自己的老用户活跃度一直不见增长，或者开始出现下降趋势，就应当开始从产品上查找问题。产品缺乏新功能、新玩法，在用户眼中不具备足够的新鲜度，用户兴趣发生了转移，使用产品的时间大大减少。像 2016 年红极一时的游戏《*Pokemon Go*》曾引得无数用户疯狂追捧，在北美上线首日下载量就突破了 600 万，7 月 24 日玩家数量突破 2500 万，可是因为玩法单一，也不符合碎片化的用户手机使用习惯，仅仅一周时间过去，活跃玩家锐减 300 万人，之后日活跃用户、用户停留时长等关键指标持续走低。为了重新激发用户的兴趣，必须不断引入新的系统、玩法，并从用户习惯出发改进设计，以吸引用户长期留存。

3. 从经营类数据衡量产品的变现能力

能够给企业带来收益是产品的核心价值所在，研究经营类数据，如付费率、活跃付费用户数、每活跃用户平均收益、投入产出比等，可以帮我们找到产品的盈利模式还有那些可改进之处。

为了提升每活跃用户平均收益（ARPU），应当想办法引入大量的付费用户，并提高用户对付费体验的认知度（付费后享受的服务更加完善）。另外，还可以举行一些让利活动，同时和有合作历史的渠道配合宣传推广，能够触达老用户，更容易促进用户转化。

4. 从数据异常检验新版本、新功能的效果

监测异常指标能够帮助我们检验产品的新版本、新功能是否能够满足用户不断发展的新需要，能否让用户感觉有价值并增加产品黏性。这种检验工作可以通过留存率等数据来完成，如一款产品在更新新版本

后，我们可以观察其留存曲线，如果从功能更新后的第二天开始留存曲线出现走低趋势，就说明该功能或版本不仅没有很好地满足用户的需求，还可能误触用户的“逆鳞”，影响了他们的体验，此时就应当马上对新上线的功能或版本进行重新思考，发现问题应当及时修复，以免对用户的影响越来越严重。如果用户是因为使用上的不习惯而对新版本产生抵触，则要及时做好相关的使用引导和说明，以改善用户不舒服的体验。

用数据精准分析内容运营的效果

成功的产品离不开好的内容，这类符合产品调性，并具有新鲜、趣味、价值感的优点的内容能够激发用户阅读、评论、传播的兴趣，并有助于提升用户的活跃度和产品黏性。而在内容的筛选、编辑、整合、推荐等工作中，数据分析可以发挥指导性的意义。

运营者通过收集并分析与内容有关的数据，可以检验内容对于产品的贡献度；可以了解哪些内容是用户喜闻乐见的，哪些是不屑一顾的，由此采取相应的措施筛选和调整内容；另外，运营者还可以巧用内容提升用户转化，实现内容变现，为产品带来更多的收益。

某汽车品牌微信公众号建立以来，一直积极地向用户推送各种消息，但收集到的数据却显示很多消息用户明显不感兴趣，几乎没有转发和收藏量。如汽车金融类信息是用户最不愿意阅读的，大概只有4%的用户进行了转发和收藏；而“汽车保养窍门”和“汽车测评资讯”的情况则相对要好一些，分别有18%和23%的用户进行了转发和收藏；最受用户欢迎的则是“购车指导”之类的内容，大约有33%的用户选择了转发和收藏。

通过这些数据，该公众号对推送内容进行了调整，主力推送各种与购买新车相关的内容，如新车推荐、车型测评、车市比价等，使得用户的活跃度、关注度提升很快。另外，该公众号又深入研究了每天不同时段用户查看信息的频率，发现每天深夜23：00到清晨6：30，是信息点击量的波谷阶段，这个阶段中用户点击信息的频率不足3%；而从6：30分开始，数据开始逐渐回升，其中上午11：30到下午14：00达到一个波峰，此时用户查看信息频率约为23%；之后数据又开始呈现回落趋势，在 17：30 到 19：30 缓慢回升，19：30 到 21：00 开始急速上升，达到全天最高的波峰，用户查看信息频率约为 25%。21：00 之后，数据又开始急速下降。

根据这些重要数据，该公众号将内容推送的时间调整为中午 12：30 一次，晚上 20：00 一次，这时用户处于午餐后、晚餐后身心放松的时间段，登录微信查看信息的可能性最高，内容的覆盖和点击都能够得到保证。

上述案例中的公众号在进行内容运营时，注意从信息点击量、转发量、收藏量等数据入手，研究用户兴趣和使用习惯，进而适当改变内容的定位和推送时间策略，结果取得了比较理想的效果。在实际运用时，运营者可以参考数据判断内容运营是否真的有效果。

1. 用数据衡量内容的展现效果

内容是否已经触达到足够多的目标用户，是运营者应当首先关注的问题，如果用心筛选组织的内容没有得到用户的点击、查阅，那么内容再精美也会失去意义。因此，运营者需要从内容的点击次数、页面的跳失率、用户停留时长、用户使用时段等数据来分析内容的展现效果，如果数据无法令人满意，就要思考是什么地方出现了问题并及时优化。

点击次数少，可能是因为标题不够吸引用户的眼球，像“这十种水果，吃过四种以上就是土豪！”的标题，就比“世界上最贵的十种水果”的吸引力要强；而跳失率高的原因则有很多，可能是内容质量一般，缺乏干货，也有可能是内容不符合用户的口味，无法吸引他们一口气读完，对此可以结合用户的其他内容数据，了解用户的兴趣点和真实需求，继而通过有针对性的内容推送提高内容与用户的契合度。另外，由于每个产品的用户群体不同，访问的时间段也不一样，运营者需要根据掌握的用户使用时段信息来调整推送内容的时间，尽量在用户访问高峰推出最新、最精彩的内容，以利于提高信息的展现率。

2. 用数据检验内容对用户的吸引力

内容对用户具有吸引力，不仅能够引起他们重复阅读、评论、收藏的兴趣，还会激活他们主动与他人分享的欲望，由此能够为产品吸引更多的流量和新用户，并有可能产生爆炸式的病毒传播效果，让产品迅速蹿红，因此运营者需要不断研究这方面的数据如回访者比率、积极访问者比率、访问者参与指数、收藏量、转发量、评论数等，从中发现对用户产生强烈吸引力的内容，由此总结规律以指导今后的内容运营工作。如果发现热点内容，则要及时引导，将热点打造成为“爆点”，使产品和品牌的影响力迅速提升。

运营者研究回访者比率（回访者数/独立访客数）这个数据指标，就可以衡量产品内容对用户的吸引程度和内容的实用性，内容含金量越高，用户就越容易流连忘返，回访者比率也就越高，但如果这个数据出现下降趋势，则说明产品内容没有得到加强，需要运营者想办法进行改进。

3. 用数据评判内容的转化率

内容能否促进用户转化，为产品带来效益，是运营者关心的重要问题，而这个问题可以结合内容转化数据来进行评判，如用户对页面上的商业内容的点击率、停留时间以及用户最终的付费率等，可以看出内容是否具有足够的“吸金”能力。也许在产品运营之处，运营者一时还不清楚哪一种商业内容更符合用户口味并能够获得高转化率，这时不妨采取测试对比的方式，将能够想到的内容运用到页面上的不同位置或不同链接，再收集各种方式产生的数据，从中找到效果最好的一种。

为了验证内容的转化率，我们可以采用 A/B 测试方法，即在条件允许的情况下，为同一个目标制作几种内容页面，这几种页面可能在内容的措辞、排版、标题、字体等方面有所不同，再将这几种页面以随机方式同时推送给浏览用户，接下来分别统计用户转化率，从中了解两种内容各自的优劣点。这种测验的规模越广，运营者就越能够了解用户的“口味”，从而越有可能打造出高转化率的内容，为产品赢得更高的投资回报率。

关注数据异常，见微知著、一叶知秋

作为运营者，要学会利用数据这个最好的运营工具，同时要努力培养自己对数据的敏感度，见微知著、一叶知秋。像流量数据、留存数据、转化数据等在正常情况下的变化趋势是什么样的，运营者应当心中有数。一旦出现不合常理的异常变化，运营者就应当提高警惕，应当深挖数据异常背后潜藏的原因。

不过数据异常也不一定都是坏事，运营者在分析数据后如果发现是对产品有利的机遇，则要立刻抓住机会借势运作，为产品赢得快速增长的机会；但如果是对产品不利的风险，则要马上采取措施解决问题，以免造成更加严重的损失。从零开始学运营的新手在这方面可能会有欠缺，但通过长期积累经验，多研究各种报表、明细清单，数据敏感度就会逐渐上升，从异常的数据中发现并解决问题的能力也会越来越强。

某论坛运营人员一直非常关注平台的流量数据走势，并据此调整内容投放和活动安排。2016 年 9 月 13 日 14：45 到 15：00 的十五分钟内，运营人员发现某个版块的用户点击量激增，峰值超过了平时高峰数据的 5 倍以上，这个异常情况马上引起了运营人员的重视。经过数据深入分析，发现这个时段内激增的流量大多来自于微博，并直接指向了该版块中的一个帖子。于是运营人员到微博搜索与该帖子相关的话题，结果发现是一名著名微博大 V 推荐了这个帖子，引来了无数粉丝围观。运营人员借着这个火热的势头，也在论坛的官微上开启相关话题的讨论，并与该大 V 私信联系，邀请他进行合作推广。在名人效应的影响下，论坛官微粉丝量增长很快。事后，运营人员又邀请该大 V 到论坛参加在线访谈活动，也得到了很好的宣传效果。

案例中数据异常的情况仅仅持续了十几分钟，可以说机会是稍纵即逝的。试想一下，如果运营人员没能及时发现这次数据异常的情况，就不可能结识那位有影响力的微博大 V 并与其建立密切联系，之后的各种推广活动也就无从谈起，而产品则会在无形之中失去一个难得的提升影响的机遇。

由此可见，运营人员对于任何数据异常情况都不能够掉以轻心。一般来说，合格的运营者对于产品的关键数据，以及各种数据反映的意义和相互之间的关系应当做到信手拈来，这样就能够逐渐锻炼出估算数值的能力，在看到实际数据报表后，经过简单估算，对一些比较明显的异常可以做到一目了然。如产品一天正常的访客数大概是 15 万人，波动幅度在 5% 以内都算是正常值，如果某天访客锐减 10%，运营者就应该开始寻找原因了。

为了避免过度依靠经验造成误判，我们还需要进行数据异常的分析工作，判断清楚是否数据确实出现“真异常”，还只是由于数据上报、数据统计失误造成的“假异常”，后者经过重新核实、检验数据后问题即可排除。而对于“真异常”情况，就需要由数据结果反推原因，找出是哪个环节出现了问题。点击量很高但注册数极少且严重低于正常水平，这可能就是因为某个渠道在推广方面可能有刷流量的作弊行为，看投放效果非常火爆，可根本就无法带来有价值的用户。不过为了稳妥起见，运营者还需要比对用户IP、归属地、用户活跃度、留存率等各种数据以验证自己的设想。

一般而言，运营者可以按照以下几个步骤来处理数据异常情况。

1. 发现数据异常情况

运营人员应当学会数据处理，可以通过系统自动报警或人工监控数据，对具体的报告、图表上的数据，要学会按照不同时间、区间进行比对，从而发现数据的异常点。其中时间同比是一种常用的方法，指的是单从时间维度来对比数据，像周日是公休日，周一是工作日，在这两天用户的行为肯定是大有不同的，两者的数据放在一起比对没有意义，所以应当周一与上周一数据对比，如果是周均值的话，则与上周均值对比，这样才能保证客观性。

上述案例中流量在某时段激增就是采用时间同比后发现的，这也是比较常见的数据异常情况之一；而在活动运营中也经常会奖励领取量异常的问题，需要运营者提取账户资料，对比注册时间、IP、使用时长等数据判断是否存在用户利用漏洞刷奖励的行为；另外，电子商城类产品的运营者要注意订单明细数据，在有返现、红包等让利活动时，发现有大量ID以较高频率下单，而收货地址、付款金额、返现额度等数据则高度雷同，就要及时采取措施修改让利幅度或限制购买，以免造成较大损失。

2. 进行数据验证

进行数据验证的目的是为了避免运营者被数据“假异常”所误导。例如，在统计数据时出现疏漏，小数点点错引起数量级误差，但事实上数据并没有出现异常；再如统计区间不一致，需要的是日活跃数据，用来对比的却是月数据，这样发现的数据“异常”也没有分析的意义；再如用连续性的数据与周期性的数据相比也不恰当，连续性的数据往往不会出现大幅变动，而周期性数据的提高或降低却很明显。

为此，在进行数据收集、统计的时候一定要明确各种数据的定义，并与技术部门统一口径，避免用不同口径的数据相比较而造成错误的结论。而在实际工作中发现了数据异常情况后，可以查询系统日志检查数据的准确程度，但这种工作比较耗时耗力。为了节省时间，运营者还可以对数据做抽样检查，随机抽取其中的几条进行核对，但要注意保证抽样能覆盖各个分层，这样验证的结果可信度就会更高。

3. 分析引起数据异常的原因

如果经过验证，数据异常确实存在，运营者就可以着手分析其原因。在这个过程中，运营者需要回顾与数据相关的所有因素，定位其中任何可能造成数据异常的因素，然后结合其他数据和其他部门的意见，确认引起数据异常的具体原因。一般能够引起数据异常的因素可能有外部因素和内部因素，外部因素包括市场大环境、竞品表现等；内部因素则可以从产品、活动、用户、内容任何一个方面寻找原因，只要是对数据变化有影响的因素都要考虑在内。

例如，某旅游 APP 在 11 月的日活跃用户数量和交易额较 10 月降低幅度较大，为了找到数据降低的原因，运营者对比了全行业数据以及竞争对手的数据，又查看了该 APP 历年 11 月的数据表进行分析，最后得出结论：数据异常的一大部分原因是淡季来临所致，数据降幅在可接受的范围内，但可以通过举办一些促销活动来减少淡季的影响，拉动数据上升；另一方面，该 APP 在 10 月底进行了一次版本更新，但更新后部分页面加载速度增加影响了用户下单到支付的转化率，这也是造成 11 月交易额数据异常的一个原因，需要开发人员立即对系统进行优化以提升用户体验。

当然，完成了数据分析工作后，运营者的工作还没有结束，还需要开动脑筋找出解决问题的办法，提交调整和优化建议。在问题解决之后更要总结经验、教训，为今后的运营工作提供指导。通过这样的不断锻炼，运营者对于数据异常的“嗅觉”也能够不断增强，可以更好地做好运营纠偏的工作，并可为企业节约大量投入。

小心！ 数据有时也会“说谎”

对运营工作来说，数据能够提供直观的方向性指导，帮助运营者做出科学的推断，避免凭经验或主观下结论带来的决策失误，因此很多运营者对于数据也都有较强的信任感甚至依赖感，有什么问题不确定了，就找数据来帮忙，用数据说话，用数据办事。但是有时候，数据也是会“说谎”的，一味迷信依靠数据推断出的结果，就可能受到数据的误导，产生错误的决策，甚至还可能酿成比较严重的后果。

某手表品牌准备做一个用户特征分析，运营者了收集广告受众信息、搜索数据、品牌微信平台互动数据等大量信息，经过综合处理后得出结果：该品牌手表的主流受众为 18~30 岁的年轻用户，占全部用户数量的 80%；且以女性居多，女用户占比超过 65%。然而这个结果却与该品牌的真实用户群相去甚远，该品牌的手表做工精湛、价格昂贵，款型以男表为主，消费主体是 30~45 岁的中年男性用户。

数据与真实情况出现如此大的偏差，让运营者感到十分困惑。后来找到了第三方数据分析公司，他们在进行数据搜集和统计时以搜索数据、广告投放数据、媒体调查数据为主，对该品牌微信、微博等平台上的互动数据则提取较少，最后数据处理后得出的结论与真实情况较为接近。

运营者通过对比两种数据处理过程，发现问题主要出在互动数据上，原来积极转发该品牌各种商品信息的只有极少数是真实的用户，其中绝大部分是淘宝店主、微商、代购买手、代理商等，他们的特征恰好与运营者第一次统计的数据相吻合：年轻以 18~30 岁为主、女性居多。如果按照这样的数据去进行下一步的运营推广活动，显然会出现大问题。

在上述案例中，虽然数据的提取、分析均符合正常流程，但数据提取源不同，结果便大相径庭。该手表品牌的运营者在收集数据时没有考虑到剔除主观因素，结果误将中间商、代理商收录进了真实用户群，炮制出了“说谎”的数据。这也提醒我们，在处理、分析数据的时候要特别小心，要避免唯数据是从，而只是把数据当做是一种良好的参考，需要我们做出判断和决策的时候要结合多方面资料、事实以及不同区间、时点的数据谨慎地下结论。

一般数据会“说谎”的情况可能有以下几种情形。

1. 数据缺乏相关性

运营者在进行数据分析的时候，都希望能够找到数据之间的相关性，即数据甲导致数据乙，二者之间有明确的因果关系，这样数据乙有任何的异常波动，都可以从数据甲的方向找原因。然而事实并非如此简单，也有可能数据甲和乙都同时受到数据丙的影响，数据甲、乙看似高度相关，其实都是数据丙在背后产生作用，如果我们只从数据甲找原因，忽略了数据丙的变化情况，就会离真实结果越来越远。

2008 年，谷歌公司推出了一款预测流感的产品“谷歌流感趋势”，声称搜索流感信息的人与实际患病人数是正相关的关系，因此通过汇总用户搜索流感资讯的数据，就可以预测近期内即将于何时何地爆发流感疫情。最初这种近乎科幻预言的流感预测产品被大众嗤之以鼻，可是没想到接下来连续几个冬季，它都成功预测出了流感的爆发趋势。最令人震惊的是 2009 年，该产品竟然抢在美国疾病防控中心一两周前预测了 H1N1 甲型流感的爆发，产生了轰动全球的效果。然而好景不长，从 2013 年起，该系统似乎开始“失灵”，尤其是最近的一些预测比真实情况夸大了近一倍。

“谷歌流感预测”的失败就是因为对数据相关性的误判，其实流感搜索数量与疾病预测并没有密切的关联，可能只是因为某段时间某地疾病爆发引起了人们的好奇心，他们不断对此进行大量搜索，再加上谷歌对大数据的算法，好像从中发现了某种规律，但实际上却全无意义，偶然可能出现几次误打误撞的情况，但随着时间的推演，所谓的“假相关”就会暴露无遗了。

2. 样本选取偏差

数据运营中经常会遇到大量的数据，为了方便统计，需要用到抽样分析的情况，但是抽样的方法不同，结果可能就会出现偏差。一般分层抽样误差较小，具体操作时需要将总体数据分为若干层次类别，再从每一层次中抽取一定数量的样本。也可以采用系统抽样的方法，也就是将总体数据分为若干部分，并编上序号，然后使用相等间距从每一部分中抽取一个样本。不过无论采用哪种方法，都不可能避免误差。特别是样本分布不均时数据可信度很低，而且有时出于主观考虑，往往会选取对结果有利的样本，使得数据的参考价值不高。

比如在本节案例中，由于抽取了偏主观的互动数据作为参考，结果得出的结论偏离了真实的用户群体。因此运营者如果采用抽样数据进行分析，就一定要定位好目标总体，并采取误差最小的分层抽样法来选择样本，同时要设置误差界限和置信度，以减少误差对结论的影响。另外，如果条件允许的话，可以与被抽取的个别样本用户进行沟通，以验证数据的真实性。

3. 用个体情况代表全体

在选取了样本进行数据分析和研究之后，我们还需要注意一点：分析得出的结论仅限于样本的情况，而不能简单地推广到总体。想要得到总体的结论，还需要掌握更多的数据，进行更多的分析。但是有很多运营者会倾向于节省后面的步骤，直接一步到位，因为这样更加节省时间和成本，但仅靠部分样本得出的结论是否能够准确描述总体事实就不得而知了。

在统计某产品的活跃度时，发现 PC 端在近 30 日内的日平均访问人数出现持续走低的现象，于是运营者认为产品活跃度不高，需要策划活动对用户进行刺激。但事实上，运营者只参考了 PC 端的数据，而且仅仅是 30 日内的数据样本，并不足以概括产品近期的表现。实际上，该产品在移动端的用户活跃度较高，而 PC 端在 30 日前的情况也在正常范围内，近期出现访问人数下降可能与某推广渠道合作到期有关，但运营者没有考虑这方面就匆匆着手准备活动，最终难免会出现费力不讨好的结局。

4. 有意的数据造假

运营者在进行数据分析时还要注意警惕造假数据，如渠道商为了牟利大肆刷流量、装机量、注册数，制造虚假繁荣的景象，但实际上没能给产品带来有价值的用户，反而让企业白白搭进去很多广告推广的费用。这类“刷”出来的假数据是没有任何参考价值的，运营者在做相应的数据工作时一定要仔细甄别不合理数据并将其剔除在外。

另外一种造假数据则大多来自同行，随着行业竞争加剧，有实力的厂商之间都在争夺着“第一”的宝座，包装过度的数据屡禁不绝。如某电影资讯平台宣称自己在 2015 年 7 月的单月交易额突破了 20 亿，但是根据有关数据显示，当月全国票房不到 55 亿，其中仅 46% 约 25 亿来自电商，照此推算该平台已经独占 9 成票房，把实际上的行业前三甲都远远甩在了身后。这种荒唐的数据造假最终沦为了全行业的笑柄，而这种夸大其词的数据在我们参考行业、竞品数据时也应当避免采用。

同时，作为运营者自身还是应当脚踏实地，不要受到数据造假这股歪风邪气的影响。造假确实能产生出漂亮的数据，但整个企业和产品却会被假象绑架，制造更多泡沫，却偏离了真正需要做的优化产品和内容、吸引用户的根本，而且也会消耗公众和资本市场对互联网行业的信心，因此运营者与其劳神费力地进行数据造假以充门面，不如扎扎实实地做好自己的运营工作，为自己也为产品的发展不断扩充实力。

第六章

稳健运营，规避风险

在瞬息万变的互联网行业，运营者对于潜在风险要有一种敏感性，要学会洞察未来趋势，增强风险意识，这样即使风险真正出现时，也能够做到从容应对。

警惕互联网行业的“黑天鹅”

在17世纪之前，人们的常规印象中认为天鹅这种鸟类都是白色的，可是澳大利亚却发现了黑天鹅，颠覆了人们原本不可动摇的认知。此后，“黑天鹅”就成了“风险”的一种别名，被用来代指不可预测的重大稀有事件，它会在人们的意料之外出现，一旦出现就会造成严重的后果。因为有“黑天鹅”存在，人们无论做任何事都不应该过度乐观，或盲目依靠过去的成功经验，必须时刻警惕着“黑天鹅”的出现，这样在风险来临时才不至于慌了手脚。

2014年4月，国内第一家提供在线餐饮综合服务的平台“饭统网”陷入了倒闭危机，网站无法正常打开，客服电话也无人接听，办公室人去楼空。这家网站于2003年12月上线，经营已超过十年，曾经仅用了10个月就实现了现金流盈亏平衡，并一度扩展到全国51个城市，获得过包括日本亚洲投资在内的四家海外投资企业的近3000万人民币风险投资，受到媒体和公众的强烈关注。

饭统网早年的成功得益于它独特的商业模式：消费者通过饭统网查找口味、环境、档次理想的餐厅，并预订电话订餐，在结账时餐厅给予消费者一定的优惠折扣，而饭统网则向餐厅收取会员年费或每餐消费佣金、广告费、服务费等。这种模式在当年能够为餐厅进行品牌宣传，并不断挖掘目标客户，同时又解决了用户的就餐烦恼，因此会受到餐厅和就餐者双方的欢迎。可是，随着“互联网+”时代的来临，各种新鲜的商业模式不断涌现，饭统网的这种模式慢慢开始落伍了。对消费者来说，他们更倾向于那些能够提供送餐上门、价廉物美的外卖网，专程去餐厅用餐的机会已经越来越少。

风险在悄悄逼近，饭统网却像是温水中的青蛙，浑然没有一点警惕的感觉。随着美团、饿了么、百度外卖、口碑外卖等网上订餐平台的强势崛起，仍然坚持着固有半线上半线下模式的饭统网被越来越多的消费者抛弃，不少商家也纷纷转向与其他平台合作。有时消费者从饭统网订好了餐，去餐厅消费时却被告知早已停止了与饭统网的合作，但饭统网上的信息却没有及时更新，管理的混乱也让消费者对该网站失去信心。

2013年2月起，饭统网因资金链断裂，已经无法正常经营，员工每个月只能领到50%的薪金。在艰苦支持了一年多后，饭统网最终选择倒闭关门，当时还拖欠了大部分员工近一年的工资。

在餐饮服务网站发展如火如荼的同时，饭统网却悄然湮灭，这个教训不能不让我们警醒。从表面上看，饭统网的倒闭是资金链断裂、股权转移纷争等因素造成的，但从深处剖析，这家企业的倒闭还是因为对风险预估不足，盲目固守自己过去的成功模式，却没有做到顺应用户需求去做出改变和优化，而在互联网大背景发展恰如逆水行舟，不进则退，如果不能大胆转型，就会轻易地被后来的竞争者赶上并远远甩在后面。“黑天鹅”其实一直存在，只是饭统网选择了忽视它们，而不是提前做好应对准备，结果就只能等到失败的结局。

互联网的大形势可谓是瞬息万变，过去的成功不可能一直被复制下去，互联网运营者也不能总带着侥幸心理去处理自己的工作，对于潜在的“黑天鹅”要有一种敏感性，要学会洞察未来趋势，增强风险意识，这样即使黑天鹅真正出现时，也能做到从容应对，而不会陷入危机中难以自拔。

以下是当前互联网运营中常见的一些老观念、旧思维，它们会让运营者迷失方向，降低风险评估和预防能力。

1. 只图“增长”，不求“稳健”

互联网企业的快速发展也催生了人们急功近利的不良心态，很多企业无论是投资者还是经营者，都将注意力集中在抢夺用户和抢占市场份额上，只求数字好看，却不考虑经营效益和风险。不少新兴企业为了吸引用户，更是不计成本地用补贴、折扣甚至免费等手段招揽用户，却很少关注产品、内容这些能够提升用户体验，让企业赖以生存的根本要素。

而在企业内部，“老板只看 KPI”的做法也让各级运营人员倍感压力，很多公司运营不关注过程效果，只以注册用户数、激活数、活跃用户数、浏览量这些最终数字论英雄，运营者为了满足上级不切实际的目标，只能想办法甚至动歪脑筋来达成效果。如为了冲高浏览量，将一篇新闻内容做成多页投放，内容还是那么多，用户阅读却要点击好几次，浏览量短时间内确实得到了提升，但是用户体验却下降了很多，长此以往，用户流失在所难免。更有甚者直接进行数字造假或勾结渠道商制造虚假繁荣景象，这样的 KPI 不但无益，反会有害。

总之，在这种急功近利的心态指导下，不少企业都能拿得出花团锦簇的数据报告，可在其内部可能却早已千疮百孔，抵御风险的能力可想而知。事实上，无论是对互联网企业还是运营者来说，都应当提升稳健经营的意识，企业生存比数字增长更重要，如果不注重安全，不完善保障措施，只是一味地求发展，那么其给企业或个人带来的教训，都将是极为惨痛的。

2. 盲目跟风，缺乏创新

互联网行业从来不缺乏盲目跟风者，一个产品或者说一种推广的做法引起了公众的关注，竞争者们马上就会掀起强劲的跟风潮流。但是一直拾人牙慧的做法却让自己的产品或品牌缺乏个性，缺乏让用户深刻记忆的价值，有可能短时间内能够起到借势炒作的效果，但一段时间过去，就有被市场和用户抛弃的风险。

运营应当以用户需求为一切工作的出发点，无论是做产品还是做内容、做活动都要从用户体验出发，更好地满足用户的需求。然而现在很多运营者的做法确实跟风成功者或直接抄袭，将别人的内容、做法移植过来，可是却不符合自己品牌、产品的性质，也不符合自己的用户的口味，结果不但无法吸引用户，反而会出现反作用，甚至会让产品本身的缺点不断放大进而造成无法挽回的局面。

因此，运营者应当转变思维，避免盲目跟风，而应当用心去运营和挖掘所有可能的做法，不断抓住新颖、有创造力的热点来完成对用户的吸引。产品有价值，商业模式有吸引力，用户才会络绎不绝地前来。

也唯有不断创新，才能在同质化日趋严重的互联网市场闯出一条不败之路。

3. 重产品，轻运营

由于互联网行业跟风现象严重，某个产品出现了市场火爆效果，马上就会有大批相似的或直接抄袭的产品争相效仿，在这种情况下，单凭产品的新颖来博取用户重视十分困难的，只有依靠运营的拉动和传播，去将产品推介给用户，才能让产品“活”起来。离开了成功的运营，产品是不可能凭空被用户认识和喜爱的。可是目前在为数不少的企业中，却存在轻视运营，不懂运营为何物的情况。

比如在某中文搜索网站，运营从来不参加产品决策的讨论，产品开发到了哪一步，运营团队竟然毫不知情，直到产品准备上线，运营才开始做一些辅助性的拉动和维护工作。因此出现的结果就是，产品需要做出什么功能，界面以什么形式呈现，每个版本需要优化哪些内容全部都是由产品经理决定，这与“以用户需求为中心”的宗旨背道而驰，用户在试用产品后出现各种各样的不满也是正常的。这种重产品轻运营的做法会让产品离用户越来越远，实际上，运营应当深度参与产品决策，不停地贡献自己对用户需求的理解，帮助产品经理确定研发方向，这样才能将产品做好，让用户获得良好体验。

4. 重推广，轻内容

很多互联网企业认为自己的产品没有影响力是因为推广做得不够，于是运营拼命地做活动、找渠道，让产品广告满天飞，不但浪费了大量资源，而且因内容本身有缺点没能留住用户，结果不但没有产生理想的效果，反而因为过度“烧钱”很容易引起资金链断裂的风险。

互联网运营推广最踏实的方法就是先做好内容，以内容为基础，再一步步采取合适的推广方式来吸引持续稳定的用户。如以用户自生成内容为主的论坛社区产品，通过不断吸引更多的用户参与论坛内容建设，让用户参与发帖、评论、转载、传播。为了获得一定的影响力，运营者要尽量寻找到更多潜在用户所关注的内容话题，激发他们的潜在需求，促进他们主动参与和传播的行为。这种内容如果做得成功，就有可能产生出病毒性的传播效果，而成本却比花费大量广告费来推广要低得多。

不过，我们提倡重视内容并不是说推广就不重要了，运营者可以从实际出发根据产品、企业的条件来选择力所能及的推广方法，要考虑到成本和收益的平衡并在此基础上进行推广，使产品的影响力触及到更多潜在用户，让他们在接触产品的时候被有价值的内容牢牢吸引，成为对产品有黏性的忠实用户。

当然，除了以上几点外，互联网运营的问题还有很多，需要运营者在实际工作中转变思路去面对。互联网外部市场环境变化很快，无论是运营者还是企业经营者都应该多一些前瞻性意识，随时准备应对不期而至的“黑天鹅”。如果遇到了“黑天鹅”事件，则要思考其背后蕴含着的趋势和潮流，并做好转变的准备，当趋势真的来到之时，就能比竞争对手多拥有一分先机。

提前做好风险预估

由于市场环境复杂、竞争对手林立，每一个互联网企业从诞生之初就无时无刻需要面对各种各样的风险。同样，在全行业、竞争对手、用户等外部因素以及企业内部因素如资源、人事等的共同影响下，运营者也需要提升自己的风险意识，而这一点常常被许多运营者忽视。运营者应当考虑到各种意外因素会对运营工作造成的破坏性影响，由此作出风险预测和评估，并针对其影响提前做好积极的应对措施，使风险来临之时可以从容应对。

运营者做风险评估时，首先要识别评估对象面临的各种风险，比如为产品运营做风险评估，要考虑到人员调配失当无法如期推出产品的风险，研发水平不够没有做出理想的效果的风险，资金不到位无法拿到好的广告位做宣传的风险等，这些风险有的是比较明显的直接风险，但也有一些是潜在的威胁，一旦问题爆发，对产品运营就会造成严重影响。

因此运营者需要根据SWOT分析的基本原则，依据市场的精确数据对风险进行预测和评估，尤其要着重于那些可能关乎产品运营成败的因素，条件允许的话，应当对其重要性进行量化预测，如失败的可能性是多少，企业可能遭受的损失金额有多少，品牌面临的负面影响能到什么程度等。

在做完风险评估之后，运营者还应当思考应当采取什么样的安全措施才能将风险带来的损失降低到最低，并根据每个可能的风险点列出应对的备选方案，如果出现了差错，可以使用备选方案来挽救整个形势。

以活动运营为例，可能会出现的风险有以下几类。

1. 技术风险

技术方面的风险来自于开发人员和设备性能等方面。

（1）延期风险　活动页面的开发需要经过开发人员不断调试，还需要运营与开发部门积极的配合，有时为了做出满意的效果常常要耗费大量时间，容易引起活动上线时间延迟的风险。如果之前花费了资源进行推广，这时活动无法如期推出，就会造成资源浪费，还会使产品声誉受到影响。

应对措施：提前制订时间进程表，将开发工作划分为若干小阶段，每个阶段有具体的完成期限，如果到期限不能完成，则需要适当加班加快进度；同时各部门要紧密配合，运营人员应当及时将掌握的用户数据等资料提交给开发部门。

（2）设备风险　活动异常火爆，参与人数太多超过服务器负荷导致服务器瘫痪等风险。

应对措施：一方面运维部门要做好服务运行状态的监控，积极排除故障，避免问题扩大化或者中止服务，并准备好备用服务器以备不时之需；另一方面运营人员做好预案，一旦出现活动短时中止要准备好用户补偿措施，减少用户不满情绪，避免对产品造成太大负面影响。

2. 资源风险

活动需要的资源包括资金、奖品等，还包含各种渠道资源、人力资源等，各种因素都有可能出现问题。

（1）资金、物料风险　活动想要取得一定的影响力，资金的花费是免不了的，但中小企业的运营者在资金的调配上往往有捉襟见肘之感，缺乏资金，活动难有成效。甚至有时活动已经如期举行，计划好的资金、物料却一时难以到位，这些风险都要考虑在内。如某产品计划举办线下促销活动，前期准备工作已经就绪，可活动前一天晚上运营者才发现缺少一面大型广告牌，而且版面文字还有要修改的地方，但设计部门的同事早已下班，无法提供协助。

应对措施：做好成本控制，尽量减少资金、物料耗费；同时用精确的计划书，争取尽可能多的活动资金；与兄弟企业合作宣传，减少资金负担、扩大活动规模；活动前列好清单，需要什么物资必须有具体的数字，并最好准备备用品，避免出现遗漏。

（2）奖励风险　活动过于火爆，参与人数超过预期，准备好的奖品不足分配；或系统出现 BUG，出现使奖励无法正常发放等风险。 如某公司的线上抽奖活动通过第三方平台执行，没想到活动期间第三方平台服务器瘫痪，有一些奖项包括特等奖和一等奖没能完成抽奖，引起了参与抽奖的 2000 多名用户的强烈不满。

应对措施：适当追加奖品数量，或采用其他奖励方式进行补偿。

（3）渠道风险　争取不到优质渠道（费用过于昂贵），宣传效果不佳；合作渠道有刷数据的嫌疑，引来的真实参与用户少，达不到推广效果。

应对措施：与不良渠道中止合作，以及时止损；以本公司资源置换优势渠道资源，如用公司的周边产品置换某些推广资源等。

3. 用户风险

用户风险主要是指和用户有关的一些潜在风险。

（1）人数不足风险　如推广力度不够，触及用户少，导致参与人数不足；或是用户对活动流程及奖励不感兴趣，不愿意花费时间参与。 如某产品上线时，运营人员策划了一个“线上万人抢红包发布会”活动，以实现最大化拉新，为此找到了 100 多个种子用户，分散到微博、微信、论坛中去造势、预热活动。 谁知这些种子用户的影响力比想象相差甚远，最后只引来了 1000 多人参加活动，红包抢完后只有约 600 人下载了 APP，其中一些用户还对产品功能不完善的问题大力吐槽，给品牌带来了恶劣影响。

应对措施：选择其他渠道加大推广力度，但注意不要超过成本预估，同时可以考虑改变针对的人群和宣传的重点；调整活动流程和主题，使其符合用户的兴趣，最好是能引起情感的共鸣；与对产品有不满的用户及时沟通，疏导情绪，减少对产品口碑的攻击。

（2）作弊风险　活动被用户找到漏洞进行刷奖励等作弊行为。 2016 年中秋节期间，阿里巴巴内部的“中秋抢月饼”活动，就被安全部的 4 名员工通过技术手段作弊多刷了 100 多盒，此事件以 4 人被开除告终，但还是造成了比较恶劣的社会影响。

应对措施：做好数据监控工作，及时发现作弊现象，并联系技术部门修复漏洞；对作弊用户应严格处理，同时对受到影响的用户给予一定补偿，以弥补不良影响。

4. 外部环境风险

外部环境风险包括一些活动期间的外部突发事件，它们可能会吸引用户注意，影响活动效果。虽然无法杜绝这种问题，但运营者可以采取措施尽量减少这类风险造成的影响。

（1）热点事件风险　如2016年上半年的围棋人机大战、江苏遭遇龙卷风袭击、英国脱欧公投等热点事件都引起了全社会的强烈关注，大众注意力完全投放在这些事件上，此期间举行的活动影响力有严重下滑的风险。

应对措施：推迟活动时段，如果活动已经在进行中，可以改为分阶段进行，第一阶段到此结束，待热点事件影响力减弱再推出第二阶段活动并配合相应的宣传；如果活动无法改期，也可以考虑借势宣传，想办法从关键词上向热点事件靠拢，以“蹭热度”的办法重新博得用户注意。

（2）竞品风险　活动举行期间，竞品也开始举行一些降价、打折的促销活动以拉拢用户。

应对措施：改变宣传策略，着重推广本产品与竞品相比的优势，将用户的注意力从价格转移到产品本身。

5. 法律风险

法律风险主要是活动内容、主题、流程、宣传语等有触犯法律法规的嫌疑，如用不雅照片进行宣传等，会引起相关部门注意并对企业进行相应处罚。对此运营者必须在活动前进行严格的监管，并对各种文字、图片等进行反复审查，切勿随意触犯法律、法规的底线。

总之，不管是活动运营、产品运营、用户运营，都要做好上述这种风险预估的工作，并提前准备好各种应对措施。在具体工作时，运营者可以将风险预估做成表格，将考虑到的所有风险点列入其中，并可加入相应的量化预测数据，如延期风险，可以标注上延期期限等。再将这份表格交给开发部门、技术部门参详，使他们能对自己在其中需要承担的责任有一个清楚的认识，通过各部门通力合作最大限度地避免风险或降低风险。

快速迭代，小步快跑

所谓“快速迭代”，指的是不停地进行快速改进、优化，从而距离所要达到的目标越来越近的做法。“快速迭代”能够满足互联网行业对速度和创新的极限要求，减少在竞争中被淘汰的风险，一般被用于指导产品研发，但也不局限于产品方面，还可以涉及资源投入、管理、人事、财务等一系列与运营有关的问题。

从产品的“快速迭代”而言，与传统的按部就班的“瀑布模型”相比，快速迭代的做法更加灵活、机动。一般在“瀑布模型”的开发架构下，产品会经过制订计划、分析需求、进行设计、编写程序、测试功能、正式运行的一系列工作，往往等到产品正式与用户见面，已经过去了几个月甚至几年的时间。在这个过程中，开发人员处于闭门造车的状态，对于市场形势的变迁和用户需求的变化一无所知，很有可能自以为完善的产品在用户看来却没有什么价值。

“快速迭代”却恰恰相反，简单地说就是先拿出一个产品，虽然功能、细节都不太完善，也有问题存在，运营不够稳定，但是用户基本可以上手使用，用户在使用的过程中，可以不断提出各种修改意见，其中很多意见和建议可能是开发人员之前根本没有想到的。在这种情况下，对产品进行功能迭代、版本迭代，就会离用户的实际要求越来越近，虽然一开始的产品可能不太成熟，但通过快速迭代、不断改善，最终产生出的就是适应市场形势和用户需求的近乎完美的产品。

与“瀑布模型”相比，“快速迭代”的风险性更小，一方面能够节约漫长的开发时间，将开发、优化的一部分工作转移到产品上线后进行；另一方面则是能够避免整个项目失败的风险，通过快速迭代，试错的成本大大降低，发现方向性错误可以及时回头修正，而“瀑布模型”式的做法则没有修正的机会，完善的产品如果不符合用户需求，将会给企业带来无法弥补的损失。

腾讯公司是最有代表性的“快速迭代”互联网企业之一，通过一系列的创新技术和小步迭代，腾讯打造出了最符合用户需求的QQ、QQ群、QQTM、QQ游戏、微信等产品，并淘汰了ICQ、聊天室、MSN、联众游戏等竞争对手，获得了强大的盈利能力。以微信为例，从2011年1月推出开始，微信做到了几乎每个月迭代一个版本，从最初只有聊天功能到能够读取用户信息收集通讯录，再到多人会话、语音对讲、查找附近的人、漂流瓶、摇一摇、相册、朋友圈、视频聊天……每一次迭代都是从用户实际的社交需求出发，力求成为同类产品中用户体验最佳的一种。

为了更好地掌握用户需求，腾讯的运营人员会抓取用户数据进行分析，从用户的行为去了解他们对产品的感受。还会与个别用户进行联系，到用户的实际使用现场去进行调研，通常是做一天的跟踪调查，观察用户在一天之内是如何使用腾讯产品的。另外，腾讯内部的反馈平台也可以收集到用户的反馈，包括内部同事对产品的使用反馈等，这些信息都可以帮助运营者掌握用户关注的“痛点”，再将它们传递给产品经理，从而开始考虑对产品进行一些快速的调整，完成一次迭代的准备。

而到了产品迭代开始的时候，企业内部就会召开计划会议，运营人员、产品人员、开发人员、部门领导聚集在一起敲定本次迭代要完成的任务，同时明确时间周期，一般从设计到实现再到测试的全过程在腾讯仅仅需要1~2周时间。在产品发布的时候，各方人员又会举行总结会议，对本次迭代中的得失进行踪迹，成功的经验会发扬光大，不足之处则会在下一次迭代时进行改进。

腾讯公司的“快速迭代”正是紧密围绕用户需求出发的一种发展战略，在日新月异的互联网行业，快速迭代、小步快跑要比一步到位的方针稳健得多，也安全得多，因为每一次迭代都是一种优胜劣汰，留下的、被优化的产品功能能够更好地满足用户的需求，更好地适应市场变化，被删减和舍弃的则是一些没有存在必要的细枝末节，最终呈现出的产品其优越性是普通产品无法比拟的，失败的风险极小。即使产品失败也能尽早发现，及早退出，比如腾讯微博在快速迭代中发现用户不感兴趣，就果断停止了新功能的开发，只维持基本运营，实际上因此造成的损失并不大。由此可见，快速迭代的成本也远低于一步到位，追求一步到位，一旦花费了大量资源和时间制作的产品出现方向性问题，企业就会付出惨重的代价。

除了产品快速迭代外，腾讯内部的管理、人事等也都追求着迭代的效果。比如项目有大的框架后，就将人员分成若干小团队分别去实践。每个团队的人员组成特点都不一样，规模也不同，有二十多人的大团队，也有2~3人的小团队，每个团队根据各自所长采用不同的应用方法去制作方案，再将方案不断改进，这本身也是一个不断迭代的过程。

为了吸收新鲜血液，腾讯还会从校园招聘大会上不断补充新人，每年1000多人，这些年轻的毕业生将新的思维方式和对用户需求的理解输入企业，取代一些旧式的固有思维，这又是一种人力资源和思维方式的快速迭代。

那么，在快速迭代的过程中，运营者需要发挥什么样的作用呢？

1. 积极介入产品功能研发

运营要保证每一次迭代的过程都能参与在内，将收集到的用户数据或用户反馈意见传递到产品部门、研发部门，使所有部门的思路能够始终聚焦在用户角度，而不至于偏离这个大方向。产品的每一个功能点的改变应该按照“上线—反馈—优化—再上线”的流程推进，以更好地满足用户需求为初衷，而不是为了获得更好的性能、更美观的界面等。在这个过程中，运营必须发挥应有的作用，切忌将运营与产品割裂开来的做法。

2. 参与项目管理过程

与快速迭代相对应的是敏捷管理，也就是围绕用户需求发挥人员能动性，解决复杂问题，推动成果的诞生。在这个过程中，运营部门可以像其他部门一样，通过例会、时间盒、故事墙等方式提升效率，加速团队运转，实现快速迭代。

（1）故事墙　又叫项目白板，就是由运营团队负责人将每天的项目重点写在白板上，使所有成员都能对项目进程有一个清晰的了解，并且有助于产生紧迫感。

（2）例会　就是运营团队每天在固定的时间对前一天的工作进行回顾和总结，其中每个成员都要有自己的计划表和进度表，可以用于调整工作进度，及时发现问题。为了避免形式化，例会可以由成员轮流做主持人。如果时间比较紧张的话，也可以考虑将线下碰头会改为线上例会。

（3）时间盒　也可以看做是一种进度表，即每一次项目迭代都要有一个明确的进度，这个进度可以由运营部门与产品部门、开发部门、上级领导一起制定，并分配好各自的任务，迭代将严格按照这个时间盒去落实执行。

3. 加强用户参与度

运营的主要任务是将用户需求与其他部门进行沟通和连接，除了研究用户数据外，还可以挑选有代表性的用户参与迭代，在用户的亲身体验和即时反馈中，迭代能够更加逼近目标，还会加深用户对品牌的好感。

小米品牌经常使用这种用户参与迭代的方法，小米的运营部门将主战场放在社会化媒体渠道，每次进行产品迭代，都会思考如何加强用户的参与度，和用户“一起玩”。从手机硬件到MIUI（小米手机软件平台）开发的每次迭代，都会邀请核心用户亲自测试并提出很多重要的反馈意见，这些核心用户因为感觉受到了重视，品牌的黏性也变得更强。

4. 小范围迭代，并吸取用户反馈

迭代的效果如何，只能从用户的反馈中才能得到答案。为了验证这一点，可以采用一种稳妥的办法——“灰度发布”。也就是说，为了避免用户接受不了而出现恶劣的影响，迭代的内容不是发布给全部用户。因此会采用平滑过渡的办法，分批发布给少量用户，其他用户则继续使用原有的内容。这样一方面能够减轻服务器和测试人员的压力，并可降低运营人员收集数据的难度，操作更加灵活；另一方面则是能够将风险降至最低，万一业务出现问题，也可以及时修订，而不至于影响到全体用户。

在进行小范围迭代时，运营者要注意做好选取测试用户的工作，所选择用户应是有代表性、专业能力、影响力的核心用户，并且对品牌忠诚度高，与运营者有过比较顺畅的沟通，这样的用户提出的反馈意见参考价值更高，而且即时发现不足也不会产生过于强烈的抵触情绪，不会对产品和品牌造成负面影响。

自我纠错，避免运营失败的风险

对于运营者来说，最害怕听到的词语可能就是“运营失败”了。运营者的想法很好，有满腔壮志，为了拉用户、做内容、搞活动忙得整夜失眠，可是产品却没什么起色，甚至只是在苟延残喘，用户互动性差，缺乏黏性，体验不佳，产品没有亮点……运营者要从自己身上出发找原因，看看自己哪里做错了。早点发现问题、纠正错误，运营失败的风险就会小一些。否则，本来很有潜力的产品也可能由于运营不当而面目全非，最终无法摆脱被淘汰的命运。

曾经风靡一时的“人人网”影响力越来越弱，就是一个运营失败的例子。人人网号称是中国领先的实名制SNS社交网络，能够给不同身份的用户提供发布日志、保存相册、音乐视频等功能，从而搭建起一个互

动交流的平台。2009~2011年，人人网的发展速度惊人，从注册用户数量、用户活跃度来看都远远超过了竞争对手开心网、QQ空间等。但随后，人人网在运营方向和策略上却频频出现问题，导致它离用户的距离越来越远。

人人网的前身是“校内网”，其用户以大学生群体为主，人人网上充满生活气息的照片、日志、状态、签到、视频等内容都在吸引着用户的参与，《爱女孩的78条，你能做到几条》这类与大学生情感、生活息息相关的内容都被用户广泛分享。可是从2011年起，人人网开放了公众平台后，对内容的控制和导向出现了偏差，大量公众号将微博上烂俗的段子、笑话以及其他快消费信息不停地搬到人人网，又引起了一片转发潮，使得人人网上原创的内容越来越少，抄袭的内容越来越多，与用户需求紧密联系的内容越来越少，社区互动的氛围也被严重破坏。与此同时，内容运营人员不仅没有采取任何行动，反而助纣为虐，不停制造一些转发量高却无价值的内容，使得情况进一步恶化。

用户运营方面，人人网的初期用户群体主要是学生，用户之间的互动关系也大多建立在“我们是校友”的基础上，但实际上这种用户关系是比较脆弱的，它不像微博上是因为兴趣相同等原因而成为好友。用户与用户之间可能并没有什么共同的兴趣和爱好，这可能会影响到他们的互动，并且因为校友关系与现实联系紧密，导致用户在线上有所行为时必须比较谨慎，以免影响自己在校友眼中的形象，这也使得用户不能在人人网上畅所欲言。最后，一旦人人网的用户从学校毕业，进入社会，之前的校友社交关系可能就会宣布终结，他们使用人人网的需求就会更不强烈，极有可能转投微博、豆瓣、知乎等的怀抱。

虽然后期人人网为了跨出校园这个范围，将“校内网”更改为“人人都能使用”的“人人网”，但并没有什么明显的起色，用户活跃度仍然在逐渐下跌。这一方面是因为微信朋友圈等新产品的不断狙击，另一方面也是因为人人网糟糕的用户体验，除了内容不够新鲜之外，用户使用时还会不停地遭到垃圾用户的骚扰，“人人小秘书”这个功能本来是为了方便用户，结果却成了令人讨厌的骚扰专家，不断地给用户发送没有价值的私信提醒。不仅如此，用户好不容易找到了一篇可读性强的文章，想要点进去细看，却遇到了“只对好友开放”的阻碍，用户只能申请添加好友，但对方的好友上限早就超过了人人网规定的1000人。在这种情况下，用户只能沮丧地离开……

人人网的逐渐没落，很大原因是因为失败的运营，特别是没有做好内容运营和用户运营的工作。任何社交平台其实都不缺少优秀的内容生产者，人人网本来也有自己的优质内容源，但却没有做好内容审核、筛选、维护的工作，使得劣质内容充斥平台，破坏平台气氛，最终用户都失去了生产内容的欲望。而在用户运营方面，人人网也忽略了用户的个人感受，比如错误地推出了能够无痕“偷窥”其他用户主页的 VIP 增值服务，使得普通用户的使用体验受到很大影响，他们选择不再偷窥别人的主页以免留下痕迹，而不是花钱购买不实际的 VIP 服务。

人人网运营失败的教训能够给广大运营者以启示，在做运营工作的时候，要时刻以用户需求为导向，每一步、每一个细节都要斟酌损益，看看是否自己已经偏离用户需求太远，如果确实存在问题，就应当做好自我纠错的工作，及时改进，以避免运营失败的风险。事实上，在实际工作中，运营者身上常见的错误可以说是多种多样，层出不穷的，以下仅列举一部分进行探讨。

1. 对竞品和市场缺乏了解，靠主观臆断做决策

脱离竞品分析和市场调研而空谈决策，是运营者的大忌，它可能会让运营工作出现方向性的错误。运营者既不了解竞争对手的优势，也不清楚他们的劣势和不足，做不到知己知彼就不能抓住竞争对手没有想到的“点”达到出奇制胜的效果了。再加上对市场需求和变化趋势了解不多，这样做出的运营决策犹如空中楼阁，效果可想而知。因此，运营很有必要进行深入的竞品分析，这种分析与产品经理的分析工作不同，要更侧重于某个运营职能下的工作内容。

比如内容运营人员要做竞品分析，就要从对手的内容方向入手，研究其内容栏目、传播渠道、编辑整合等，把对手的套路“摸”清楚，就可以找到自己做内容的灵感，并学习一些新颖的思路和玩法，用来完善自己的工作。

2. 忽视产品关联，为了活动而做活动

这是很多运营者在策划活动时经常会犯的错误，精心设计的活动环节简洁明了，新颖有趣，很能吸引用户，但是活动结束后，新增用户数量无增长，活跃度、转化率没有提升，这样的活动对于产品和品牌产生不了增益，还造成了资源的浪费，就属于为了活动而活动，是一种失败的活动运营。造成这种情况的根本原因是运营者忽视了活动与产品和品

牌的内涵关联，不会在活动中构建产品到用户的桥梁。

比如一家主打干果类零食的电商举行了一次以世界杯点球大战为主题的线上游戏活动，虽然游戏非常好玩，但与产品和品牌的内涵没有任何关联，仅仅只在活动页面上有一个产品LOGO，产品和品牌的存在感极低。许多用户在游戏结束后领取了优惠券就离开了页面，对产品和品牌却几乎没有留下任何印象。为了避免出现这种情况，运营者应当在活动前多问自己这样的活动是不是真的有效果，做活动并不仅仅是为了吸引用户来参与，而应该对产品和品牌带来直接的好处，如增加多少ARPU，数据预计最好能达到多少等，这些问题都是运营应当心中有数的。

3. 不预估成本、转化率强行推广

推广是为了吸引新用户、提升用户黏性、提高转化率等，为了达到这些目的，必须选取相应的渠道并付出一定的成本，有些运营者出于急功近利的心态，急于看到推广成效，选择了不计成本疯狂“烧钱”的做法，不断地补贴、地推、红包之后，新用户数量增长了很多，但转化率和活跃度未提升，而且巨额的投入还会有拖垮企业的风险。

运营者应当以理性的心态进行推广，对每一环节的成本数据都要进行预估和分析，要根据投入产出比量力而行，尽量选择性价比高的渠道，而有的渠道效果较好，但费用昂贵，作为中小企业就不适合使用该渠道进行推广。比如一家房地产企业在推广时选择忽略地推，而是借助微信、微博等社会化营销渠道进行宣传，通过好玩、符合企业调性的文字介绍房源，吸引用户，另外，该企业还选择了本地的几家知名的报纸、杂志刊登整版广告，通过传统媒体的权威性提升品牌影响力，这些推广措施都取得了较好的效果，在不“烧钱”的情况下实现了盈利。

需要提醒的是，重视推广也不能忽略用户体验和产品的功能迭代，否则即使靠推广拉来了用户，也很难让用户留存下来。

4. KPI 制订全靠意气用事

运营是一项强KPI驱动的工作，因为很多时候运营的效果就是通过数据来衡量的，这也导致了很多运营者背负上了数字压力，总觉得拿不出漂亮的数据，就反映不出自己有多么努力。在这种情况下，KPI成了运营者追求的唯一目标，面对老板问询的眼睛，运营者迫于压力，不得不拍胸脯保证一定能够完成多少数字。可这样意气用事的结果就是只

看重数字而不顾过程，甚至为了达成数字不择手段，结果反而会让产品处于岌岌可危的地步，运营者自己的前途也难有保障。

5. 为充面子大量购买“僵尸粉”

运营的很多核心工作内容是需要与用户打交道的，为了表现产品多么受欢迎，或仅仅是为了满足老板的视觉需要，部分运营人员会大量购买“僵尸粉”以增加平台的用户基数，僵尸粉不会自生成内容，最多也就是转发一下别人的内容，一眼看上去似乎平台氛围火热，可稍微用心一点的用户就能够看穿端倪。缺少真正的用户，没有自生成内容，没有互动氛围，用僵尸粉自欺欺人的做法只会让运营走向不可避免的失败。

某粉丝量超过100万的企业微博账号，由于其中80%都是僵尸粉，每条微博的转发、评论等互动量极少，气氛显得死气沉沉，和其百万粉丝的拥有量显得极不匹配。在微博上举办的活动参加者也寥寥无几，而这种现象在微博、微信等平台上并不罕见，僵尸粉没有给产品和品牌带来收益，反而阻碍了品牌的发展壮大，运营者对此应有正确的认识。

6. 用户意见不反馈，只敷衍

用户意见和建议对于运营来说是十分宝贵的财富，它们能够帮助运营者了解用户体验有哪些不足之处，找到产品功能点有哪些可以改进之处，通过与用户的良好沟通和交流，产品能够不断进步，用户体验能够不断完善，留存度、活跃度才能直线上升。可是在现实工作中，为数不少的运营者对于用户意见却缺乏重视的态度，习惯敷衍应对，更做不到对意见和建议进行收集、整理，并将其中有用的信息反馈给其他部门。长此以往，用户的积极性受到打击，索性就会放弃沟通，并对产品和品牌失去好感，最终降低了用户参与度，用户流失也在所难免。

对此，运营者应当积极转变态度，正确对待用户的意见和建议，不但要及时沟通，为用户排忧解难，还要主动提供让用户发表意见的平台，如给用户一个用来填写意见信息的入口，这个入口要足够显眼，让用户在第一眼就能够发现，而且容易输入信息并提交，并且用户发表意见后要保证在短时间内就能得到及时的回复，以激发他们发表意见的热情。即使用户的要求经过产品团队评估后暂时无法采纳，运营者也要给予感谢答复以安抚用户的情绪。

7. 不了解产品，就对设计和开发乱提需求

运营还有一个经常犯的错误是和产品和开发人员缺乏沟通和协调，

只考虑用户需求却不关注产品的实际条件。比如运营可能会将用户的所有意见不加分析地甩给产品人员："把这个页面结构调整一下，太难看了；这里需要加几个按钮；这个功能一点用都没有，直接删掉……"有些需求缺乏逻辑性，也不实际，是产品和开发人员做不到的，而且是属于细枝末节性的问题，但却需要产品人员付出大量劳动才能实现。这种情况一直存在，就会让运营与产品、开发部门的关系僵化，一方面运营觉得产品人员没有能力，做不出用户喜欢的功能；而另一方面产品人员却觉得运营"事太多"，提的意见太"外行"，导致部门与部门之间协调感差，整个团队竞争力下降，后果可想而知。

其实运营虽然要以用户需求为主导，但也要注意把自己当成是企业团队的一分子，要有与其他部门的同事协同作战的意识。在反馈用户意见的时候，运营应当学会抓住核心问题和用户痛点，排除掉细枝末节的东西，再将最重要的问题与团队成员一起讨论并达成共识，切莫认为产品人员是万能的，就把所有问题都一股脑地丢过去，这样只会让问题累计越来越多，亟待改进的问题得不到解决。

8. 对内容抄袭不重视、不处理

互联网上文章互相抄袭已经成了一种风气，将别人的优秀内容改头换面甚至原封不动加上自己的名字就完成了所谓的内容再造，这种内容的抄袭造成了互联网上充斥着大量高度重复的信息，大大降低了用户阅读、参与的兴趣。同时一些运营者无视这种现象，甚至自己为了完成任务也会用同样的方式填充一些抄袭的内容，由此造成了对内容原创作者的伤害，更可能需要为此承担法律责任。另外，靠抄袭形成内容主体的产品也会遭到用户的鄙夷，更会引起用户的流失。

现在众多互联网媒体、产品开始重视和严禁抄袭行为，比如微信就发出过"第一次删文并警告，第二次封 7 天，第三次封 15 天，第四次封 30 天，第五次永久封号"的处罚规则。运营者对此应当引起重视，切莫为一时的利益碰触抄袭底线。不仅如此，发现用户抄袭也应当及时采取措施，进行删除内容、封停账号等处罚，以向广大用户表明"保护原创"态度，同时对原创作者也能产生很好的鼓励作用。

除了上述几点之外，运营者身上可能出现的错误还有很多，需要不过有错误并不可怕，怕得是过度乐观，不知反省，特别是已经出现了错误并造成了不良的后果，却还不知道总结，以致同样的错误下次还会再犯，这样的话距离运营失败就只有一步之遥了。

运营是一门艺术，更是一门科学，但又没有一定之规，需要运营者在工作中逐步总结经验，丰富自己的认知，改善自己的思路，完善自己的做法，并不断进行总结和检查，对成功的经验加以肯定，对于错误造成的损失要加以反思，对于没有解决的问题，要给以足够的重视，争取在下一次实践中得到解决。 运营者唯有以如此审慎的态度，才能逐渐克服自己身上的错误，减少失败的风险，并有机会成长为运营“大咖”。

第七章
从零组建一支运营团队

在竞争激励的互联网+时代，运营已经成为企业不可或缺的部门。一支运营团队的建立能够让运营工作趋于正规化和制度化，使产品和企业的竞争力大大增强。

从阶段目标出发，搭好团队架构

现在很多企业都越来越重视运营部门和运营工作，有了好的产品，推广不出去，无法触及用户，不懂用户需求……这些问题都需要运营人员来解决。如果企业拥有一支训练有素、专业能力强的优秀运营团队，则无异于如虎添翼，竞争力将大大提升，能够在目前竞争激烈的互联网市场上脱颖而出。

但是运营毕竟是新产业催生出的新岗位，可以说大多数从业者对运营的概念都还是模糊的，在组建团队的问题上更是处于懵懂状态，该如何着手搭建团队架构甚至让很多运营负责人都感到十分困惑。

实际上运营团队的组建并无定法，需要从自己企业和产品的实际情况出发，决定团队的规模和人员搭配及各自职能等细节。另外要注意的是，负责人需要明确产品目前正处于哪个发展阶段，是产品建设初期、推广阶段，还是成熟阶段，每个阶段运营团队的任务目标不同，工作重点也各有差异，团队的组建也需要依循不同的原则灵活进行。

下面以某网站的运营团队组建为例来进行说明。

1. 网站初期建设阶段

在本阶段运营团队的工作目标是建设网站初始内容，挖掘种子用户，吸引和留住新用户。具体的工作内容包括对网站现有栏目内容的编辑、审核、发布以及策划专题内容等；同时根据用户反馈提炼出页面优化意见，与产品部门进行沟通；到各大论坛、社区网站寻找和争取种子用户，并对他们进行维护和管理等。

在这个阶段运营团队处于刚刚起步，除了负责人之外，可以下设产品策划若干名，内容运营（可以细分为内容采编、专题制作、内容审核、社区管理等职位，不同业务类型的产品和企业对具体职位的称呼可能也各不相同）若干名，推广运营若干名（各职位数量可以根据企业规模和具体工作量需要灵活变化）。

2. 网站推广阶段

随着网站内容的完善，运营团队的工作目标也逐渐转向推广为主，需要专业的推广人员对网站进行深入分析，针对内容特点、网站调性策划推广活动，增加网站流量，促进用户活跃。

在这个阶段运营团队需要增设活动运营人员若干名（可以细分为活动策划、推广策划、渠道专员等职位），数据运营人员若干名，以满足日益增长的推广需求，并进行科学的数据分析，以更好地支持运营工作。

3. 网站运营后期

产品进入成熟阶段，有了稳定的用户群体，这阶段的工作目标是提升活跃、增进留存、提升转化，需要增设用户运营人员若干名，具体协调用户的管理和维护工作，另外还有面向商务方向的运营职位，主要职能与提升转化率息息相关；此外，可以酌情增加其他岗位人员的数量，以平衡不断增加的工作量，但要注意协调好新成员与老成员的工作内容和利益分配等问题，以避免引起矛盾。

由此可见，运营团队的工作内容、工作目标、人力方案都是根据自身产品在各个发展阶段的具体需求来定的。在这个过程中，团队负责人应当看准阶段目标，搭好团队架构，思考和安排好上下游流程，并布置任务带领成员各司其职，保证产品能够做大做强，并通过合理的投入逐步实现盈利目标。

为了组建一支高效的优秀运营团队，团队在组建时还需要注意以下几点。

1. 理清工作思路再做事

工作思路是运营团队工作的导向，在一定范围和时间会产生全局性的效应。思路决定出路，清晰的思路是运营工作得以顺利进行的前提。思路正确，再加上即时有效的执行，运营工作就能事半功倍。反之，运营就会出现举步维艰的问题。

在这里，运营的思路需要始终围绕产品的性质、品牌的调性以及用户群体的特点而定，比如“网易新闻”的口号是“有态度”，那么它的新闻内容、专题栏目、跟帖评论的思路无不是围绕着这个主题，参与跟帖的用户更是热衷于此，用各种犀利的语言表现自己的“态度”，虽然给人以略显偏激的感觉，但在众多的同类产品中却因此而显得格外突出，由此也可以看出思路对运营工作的重要性。因此，从团队负责人到各个成员，从接受工作伊始，就应当自觉地理清自己的工作思路，找到整个团队发展的方向，并清楚地认识自己想要做什么，可以用什么样的做法去鼓舞用户，提升产品和品牌的影响力等。

2. 为了明确的目标而行动

明确的目标是运营工作开展的前提，团队有团队的总体目标，如本阶段要完成提升活跃、增进留存、提升转化的目标，所有团队成员都应当对这个目标有清楚的认同，才能形成可观的合力，把团队内每个人的精力、激情集中到一起共同前进。

另外，具体到各个运营岗位、各个成员，又需要明确各自不同的目标，比如内容运营需要在已有基础上做出多少用户更喜欢的内容，用户运营准备把活跃度提升到多少，活动运营准备拉升哪些核心数据……这些目标是总体目标的分解，不能泛泛而论，而应当具体到数字，再细化为每天的工作任务，这样团队成员就更能够有条不紊地安排自己的工作，并且有清晰的目标作为推动，不会出现敷衍塞责和拖延工作的现象。

3. 做好团队时间管理

时间和通常意义上的人、财、物、技术一样，都是运营团队能够使用的资源的一部分，与其他资源相比，时间没有明显的物质载体，但却是支撑团队发展的基础，而且时间也是最稀缺的资源，它不可再生，因此运营团队一定要做好时间管理，减少时间的浪费，为运营目标的早日实现创造条件。

为了更好地使用时间资源，运营团队需要做好时间的计划、组织、整合等工作。所谓计划时间，是要求团队制定好时间表、日程表等，把各种运营工作按照重要程度排序并统筹计划；所谓组织时间，则是要充分地利用好有限的时间，集中大块时间做重要的事情，然后利用零碎的时间做次要的事情；所谓整合时间则是指团队所有人员都要调动起来，在尽量短的时间内完成规定的运营任务并达到预定的 KPI 标准。 除此以外，团队还要做好定期总结、核查，以了解时间管理的效果，并适当调整时间计划。

如运营团队负责人可以制作团队时间日志，将运营工作中要做的每一件事情都详细地记录下来，可以使用电子表格来制作日志，这样能够清晰、方便地搜索、定位记录，并且能够回顾数天前、数月前运营的执行情况，这样就能够找到时间管理的问题，发现时间都浪费在哪些方面，从而有的放矢地加以改进，使时间得到高效利用。

4. 建立严格的制度

同任何团队一样，运营团队也需要建立起严格的制度，它是团队成员必须统一遵循的规矩，既能促进团队行动的一致性，充分调动和发挥团队成员运营工作的积极性和创造性，又能确保工作有序开展，切实维护团队共同利益和保障成员个人的合法权益，规范全体团队成员的行为和职业道德。

良好的规章制度还可以防止管理的任意性，对团队成员来讲，服从规章制度，要比服从运营负责人随意性的指挥更易于接受，制定和实施合理的规章制度也能满足他们对于公平感的需要；不仅如此，优秀的规章制度通过合理的设置权利、义务和责任，也能使团队成员预测到自己的行为和努力所能产生的后果，从而激励成员为实现各项运营目标而努力奋斗。

5. 成员之间增加沟通，增进信任

整个运营团队能够高效有序地运行，也要注意团队内部之间的有效沟通，这种沟通并不局限于上下级在下达和执行任务期间的积极沟通，还包括平级的成员之间彼此了解、互动合作时的沟通。 沟通有助于运营负责人了解成员各自的能力和不足，倾听他们的烦恼和困难，从而在具体执行运营工作时能够合理搭配人员做到扬长避短、优势互补，以充分发挥团队的集体优势。 同时沟通也能够增加成员之间的互相了解，以避免误解和摩擦发生的可能。 有效的沟通和交流，有助于增加成员对彼此的互相信任和协作，对完成运营工作，实现既定目标是很有帮助的。

当然，除了上述要素之外，在建设运营团队时要注重的细节因素还有很多，这就需要作为团队核心的运营负责人不断学习和提升自我，并

善于对下属成员授权，以灵活改变各项运营策略，打造一支充满战斗力的高效优质运营团队。

精简团队规模，合理安排分工

在确定了运营团队的阶段目标之后，就可以确定团队人数并安排工作内容了。这时一定要注意的一条原则是：规模尽量精简，分工必须明确。

一个运营团队的最佳人数并没有一定的标准，有些高效率团队只有4~6人，甚至更少，却也可以完成各种各样的运营任务，将产品做“活”并让用户产生强烈的黏性。无论团队规模大小，人数多少，每个人都应当发挥出自己应有的作用，并尽量与其他团队成员建立紧密的协作关系。每个成员应当十分清楚自己负责的工作内容，同时成员之间的工作不会互相交叉、互相掣肘，在此基础上，运营团队才能够产生出巨大的合力，并始终保持高速运转。

《人民日报》的新浪官方微博（见图7-1）从2012年7月上线以来，在其运营团队的通力打造下，粉丝数快速攀升，影响力迅速扩大。截至2016年10月27日，“@人民日报”已经发布微博66924条，收获粉丝数接近4855万，单条微博被评论或转发的数量较其他媒体微博遥遥领先，比如一条题为“长知识：动车和高铁有什么区别?”的热门微博转发数接近40 000条，评论数超过11 000条，点赞量超过50 000个。

“@人民日报”的运营团队是《人民日报》新闻协调部下属的新媒体运营室，成员多为1980年前后出生的年轻人，只有8名正式员工和两名借调来的同事，虽然人数不多，但这支团队拥有丰富的运营经验，分工明确。这些团队成员是来自于《人民日报》报社从各个部门抽调的骨干人才，他们根据各自所长，分别负责内容采编、撰写、审核以及宣传推广、数据分析、用户沟通等各种运营职责。

为了确保紧跟时事和用户阅读需求，团队成员每隔几天就要召开会议，通过综合分析运营数据的最新变化，可以发现内容和用户体验上存在的问题。比如原文发布通知、文件类新闻难以引发用户的阅读兴趣，但是抓住通知中与人民生活息息相关的内容点，生发成评论文章，却会得到广大用户的强烈共鸣，这些都可以从点赞、转发和评论的数量变化直观地体现出来。因此团队会想尽办法将枯燥的新闻进行类似的“软化”处理，并且还会改进页面设计，增加图片、多媒体等手段以提升用户的阅读体验。

正是通过团队成员的群策群力，“@人民日报”树立起了官方微博的权威形象，成为了网络大潮中独树一帜的官方意见领袖。与此同时，这支团队还成功完成了“人民日报”微信公众号及手机客户端的运营任务，其中微信公众号粉丝数呈井喷式增长，不少文章阅读量超过100万。

为了方便管理，团队负责人丁伟把所有的成员都拉进一个微信群里，让大家能够更好地沟通协作，新闻客户端、微博的稿件可以推荐给微信进行发布，同时微博、微信的内容编辑也可以通过微信群向《人民日报》的记者约稿。有余力的团队成员还组成了小团队，运营起了“学习小组”和“侠客岛”两个公众号，它们从新鲜的角度解读新闻，并具有自己鲜明的态度，也吸引了不少粉丝，不少文章的阅读量都超过了30 000次。

图7-1 《人民日报》的新浪官方微博

人民日报的新媒体团队就是一支规模精简，分工明确的队伍，在这样的团队中，每一位成员都是不可或缺的，像一条流水线上的螺钉，缺少任何一颗都无法正常运转。同时人员的精简也避免了人浮于事、机构臃肿的问题，而且个体成员之间的关系变得简洁化，容易建立良好的协作，提升绩效，实现产品和品牌的快速增值。

从这个案例中也可以吸取一些有益的经验，用于运营团队的人员搭配和分工方面。

1. 尽量控制团队规模

运营团队的规模不需要很大，人数不需要很多，特别是在团队刚刚开始建立的时候，更是应该控制团队规模，如果任务量不大，每种职能角色可以先安排 1 人进行尝试，只要能够保证运营工作流程能够顺利进行即可。随着阶段目标的变化，工作量增加到一定程度，可以再适当增加新的职位和新的成员。这样做的好处是能够避免产生冗员，导致总体绩效降低，而且还能够节约人力资源成本，并且能够方面在今后对各职能岗位进行调整。

一般有的大企业在设立运营团队的同时，还会在其他每个部门安排 1~2 人兼顾与运营团队对接的工作，比如产品部门可以安排专人，在有需要的时候与运营团队的产品运营进行沟通和协调，不需要的时候则可以回归产品岗位工作。

2. 明确成员的工作分工

这一点主要是向全体成员解决“谁来做、做什么”之类的问题。要做到合理的分工，要求运营团队的负责人对商业模式、产品性质和成员特点了如指掌，并掌握一定的科学管理方法和管理工具，学会授权与目标任务管理，制定一套明确的远期、中期、近期目标，再根据目标制定相应的长、短期计划，然后分解到每个成员。

另外，对具体个人还要做好准确的岗位划分和岗位责任，每个人对自己的岗位都要有明确的任务说明、工作目标、任务责任等，这样才能保证各司其职而不是互相重叠、互相掣肘，使得运营团队的工作能够井然有序地进行下去。如在一个运营团队中，有 2 人负责内容，1 人负责推广活动，1 人负责数据分析，1 人负责用户运营等。如果负责内容的 2 人感觉工作内容有所重叠，就可以再进行细分，1 人负责内容采编，1 人负责内容审核和发布；如果工作量增长过快，2 人感觉比较吃力，也可以再增设人手，并明确新增成员的主要职责，以保证人人都能正确理解自己的工作任务并能够发挥积极性将工作做好。

3. 人员搭配多样化

人员的多样化能够让团队充满活力，激发从多种角度思考问题的新思维，有助于产生创新性工作方法和解决方案，因此在组建运营团队的时候即使团队只有寥寥数人，也要尽量注意在年龄、性别、性格等方面做到多样化。

团队中需要沉稳老练、有多年工作经验的运营老手，但也不能缺少思路灵活、对新媒体运营充满兴趣的初生牛犊。同时不同类型的成员结合在一起，取长补短，就能互相学习，相互促进。不过团队负责人在做好人员搭配时也要慎重，做到人尽其才，才能避免"优势互补"变成了"劣势互补"，产生负作用而使企业受损。所以在吸纳运营人才时要注意衡量其知识能力、年龄分工、决策水平、品性脾气等因素，再将各种类型的成员有机结合，形成最为合理的和有效的团队集体，打造良好的工作环境和较高的工作效率，使成员的能力能够充分发挥。

另外要提醒的是，一个运营团队应当有且只有一个核心，没有核心的团队容易组织涣散，多核心的团队则会出现内耗，使成员无所适从。因此团队负责人自身就要具有驾驭全局、冷静决策的能力，才能更好地安排成员的工作，应对复杂的运营问题。

与其他部门进行跨界合作

在一个大的企业团队内部，运营不仅要做好自己部门的工作，还应该注意与其他部门进行跨界合作，因为运营的工作性质决定了必须接触到执行层面上的所有部门，与产品和品牌有关的任务事无巨细都会与运营扯上关系，为此，运营大咖们经常会用开玩笑的语气说："运营是个筐，什么都往里装。"运营只有与其他部门增进了解，密切沟通，才能把产品做好做活，把品牌做大做强。

运营部门与产品部门，双方之间的关系可能是各个部门中最微妙的，非常容易出现因沟通不畅而产生矛盾的情况。一般比较常见的情况是：运营从用户那收集到了厚厚的一摞意见，反映产品功能有这样那样的缺陷，运行起来是多么得不流畅，页面是多么得缺乏美感……运营部门花费心思绞尽脑汁引来了用户，常常却被“不争气”的产品部门就这样气走了。在运营部门眼中，产品部门占用了很多的开发资源，研发出的产品却总是不尽如人意，制造出了无穷的麻烦，最后却要运营部门来收尾，因此运营者心中难免都有不少怨气。

可是产品部门更是满肚子苦水：运营不停地提要求，产品做成什么样都不满意，有时为了改进功能满足运营的要求，产品部门的同事就要加班加点连着干上几天。结果运营靠活动拉来了一批对产品并不了解的新用户，又要重复进行这修修、那改改的工作。

由于互相看不惯又缺少沟通，运营和产品两个部门往往互相吐槽、矛盾不断，更有甚者演变成水火不容的关系，严重影响了运营的正常推动和产品的正常管理，甚至连最核心的活跃数据都会下降。想要破解这种局面就要加强协调与沟通，使两个部门都能站在对方的立场上考虑问题并增进了解，从而建立起良好的合作关系。

1. 明确各自的职能定位,增进理解

产品部门需要对整个产品的功能设计、需求定义和取舍起到决定性作用，他们的思维比较理性和严谨；而运营部门负责发现产品在市场和用户打磨之后暴露出的问题，并将用户需求反馈给产品部门，希望尽快拿到新的解决方案，他们的思维一般更加灵活且商业化。二者其实并没有根本的矛盾，产品部门能够通过运营收集到的信息实现产品的快速迭代，将产品不断优化和完善；运营部门也可以借助产品部门的劳动成果更好地满足用户需求。

因此运营部门在与产品部门沟通时，为了减少矛盾、增进了解，应当明确地告知某功能的改进或页面的某个调整能够对产品产生多少收益，产品有更多的用户使用，得到用户的赞誉，核心目标数据不断提升，产品部门也是乐见其成的。只要运营能够很好地说明某项改进并非无用之功，相信就会得到产品部门的支持。

2. 将产品需求做成清晰的文档

运营部门可能每天会更多地面对一些内容文字、策划案等，思考的是如何将文字打造成吸引用户阅读的生动的内容；而产品部门会更多地面对数字、表格、图形要求精确性的文档、资料等。考虑到这种差别，运营部门在向产品部门提要求的时候应该学会“入乡随俗”，把用户需求做成清晰的文档，比如可以将需求按照条目一条条分列出来，并排出

优先级。同时每一条要求都要标注上改动的理由，并注明是暂时需要的功能还是长期不变的功能，是应对活动还是修复漏洞等。

如果资料充实的话，运营不妨估算一下需求改进后的用户数据提高的程度，再将需求文档拿给产品部门参详、讨论。在此之前，如果一些需求明显不够实际，依现有条件不可能实现，运营部门可以将其剔除，这样产品部门拿到的就是一份具体、翔实、任务明确的需求表，在沟通方面就会更有效率也更加容易。

3. 促进信息流动,实现畅顺沟通

为了促进畅顺的沟通，减少误解，运营部门与产品部门应当尽可能地增加探讨的机会，如每天安排 30 分钟例会或每周安排 1~2 小时的例会，在这种交流会议上，各个部门可以抛开自己的角色，为共同的产品目标畅所欲言，实现部门之间的信息对等，让运营人员能够更好地理解产品部门的工作难度，同时也能够知悉产品的开发进度，可以合理安排下一步的运营计划。

在这方面，尤其需要两个部门的负责人发挥带头作用，不要为了争夺话语权而互相对峙，而应当有换位思考和彼此尊重的思维，带着同理心支持对方的工作。

除了产品部门之外，经常与运营部门发生接触的还有客户服务部门、市场部门、销售部门、宣传推广部门、设计部门、信息部门等（由企业的商业模式和产品性质决定，有的企业可能将某些部门进行合并），在与这些部门和其下的各个岗位工作人员打交道的时候，运营部门应当采用与产品部门沟通同样的思路，先深入了解对方的具体职能，再从共同的目标出发进行沟通，使部门间的合作能够达到最大化。

比如运营与设计部门沟通的时候，要尽量表达清楚自己对设计创意的要求，不要用模糊的语句如："我们的活动需要一个'大气'的海报。"这就会让网页设计、美工感觉摸不着头脑，他们会无从下手，最后辛苦做出的网页往往也不能让运营部门满意，两个部门之间因此经常滋生矛盾。为此，运营部门首先要学会传递自己的想法，如希望使用什么样的字体、颜色、画风，如果语言难以描述清楚，也可以直接提交相近的素材供设计部门参考。同样，在提要求时也要考虑到实际性，以免让设计部的同事产生被故意为难的感觉。

不过需要提醒的是，运营虽然是一个爱管“闲事”的部门，要和各种部门发生联系，但并不意味着运营就是“打杂”，或是无头苍蝇乱撞，哪里需要去哪里。如果运营者个人有这种思想，说明运营者对自己的工作内容和发展方向还处于懵懂状态，需要改变态度理清思路提升自己的运营能力；但如果部门乃至整个企业都是这种态度，不重视运营部门，或是只将运营部门视为其他部门的附属，产品和企业的未来就会出问题。只有重视运营管理，理顺运营部门与其他部门之间的关系，产品和企业的竞争力才会越来越强。

从多种渠道引进合格的运营人员

运营的作用伴随着互联网商业模式的变化已经变得越来越重要了，越来越多的企业开始重视运营部门的组建和运营人员的招聘，可是花费很多时间和精力，却常常找不到合格的运营人才。

造成这种局面的原因是来自于企业和求职者双方，有的企业本身对“运营”的职能定位就比较模糊，也不知道从什么渠道才能引进运营人才，加上部分求职者对运营的理解也不够全面，以为运营就是像客服一样和用户聊天或者就是做活动发奖励。仅凭这类片面的认识不但做不好运营工作，还可能产生反效果。

以下是两个很有代表性的案例。

案例A：某工具类APP一直没有专门的运营团队，上线以来，随着用户量的急速增加，老板希望能够尽快把运营部门的职责分工出来，以减轻其他部门的压力。在老板看来，运营就是与客户打交道的岗位，跟客服差不多，为了节约招聘和培训成本，老板索性从客服部调来了两个员工，让他们先想办法理清工作流程。

这两位员工在客服部的表现都很优秀，但是说到运营，两人都是一筹莫展。老板那里也没有具体的计划，两个员工想了想，决定先建立个客户微信群，群成员是从客服部门的资料里挑选出来的重点用户，两人一个负责与这些用户建立关系、解答问题，一个负责收集用户的反馈意见。就这么工作了一个星期，老板看到他们收集的反馈意见，觉得挺满意，让他们与产品部门多沟通、多交流，却没有下一步的工作指示。两位员工嘴上不说，心里却都有些莫名其妙：这跟之前做客服的工作也差不多啊，何必多此一举弄什么运营部门。

案例B：某团购网站的运营部门原本氛围很好，实行弹性工作制，几名成员最少也有过3年以上运营经验，个人能力很强，在团队负责人的带领下，大家共同努力，成功策划了几次大型活动，并发挥了互动社区的作用，吸引了庞大的用户群。2015年年底，团队负责人因为私人原因离职了，公司通过猎头网站招聘了一名年富力强的销售精英，由他担任新的运营总监。这名新高管刚刚上任就点起了“三把火”：取消弹性工作制，要求全体员工统一早8点正式到岗，迟到直接扣除工资；运营的工作内容偏向销售方向，不能直接出业绩的运营导向的工作基本停止；运营部门的员工绩效与销售额直接挂钩。这“三把火”一出，部门内部怨声载道，大家都说运营部门不如直接改名叫“销售二部”，而运营职位也不需要了，还不如变成“销售助理”。提到今后的工作方向，大家心中都是一片迷茫。

在案例A中，老板和员工都不懂运营，虽然勉强建立了运营部门，但并不能够真正地实现运营的作用。两位员工虽然做了用户运营的一部分工作，但并没有协调好上下游，也不知道自己收集反馈能够产生什么作用。这样的企业其实并不罕见，运营在团队里缺乏成长的沃土，想要搭建起正确的思路框架并完整的执行还需要聘请专业的运营人才来担任负责人，最好是有过多年运营经验，已经形成了成熟的运营意识及思维、能够独当一面的团队领导型的人才。找到这样的人才后，再由其担任团队负责人来招聘或从企业内部选用合格的人才组成运营团队，才能在企业中逐渐形成正确的运营观，发挥运营的真正价值。

而案例B则是另外一种情形，企业本来已经拥有了一支比较成熟的运营队伍，却因为错误地引进了一名不懂运营的管理人才，将运营工作等同于“做销售”，导致整个团队从定位到工作重心都出现了偏差，影响了成员的工作积极性，优秀人才可能会纷纷流失，更加令人担忧的是该企业日后各方面运营工作的效果也会大打折扣。

上述两个案例都是因为缺乏合格的运营人才而导致各种不良后果，由此也可以看出人才对于运营工作开展的重要性。那么，企业该从什么渠道去挖掘和引进运营人才呢？

一般互联网企业招聘人才常用的渠道有传统招聘平台、社交招聘渠道、互联网垂直渠道、猎头平台、企业内部推荐、熟人推荐等。在招聘运营人才时，可能会较少考虑传统招聘平台如智联招聘网、中华英才网、前程无忧等，这主要是因为传统平台覆盖面积虽然很大，但符合要求的求职者却不多，搜索精确度、匹配度都不尽如人意，运营人才的沟通能力、社交能力、人脉资源等都体现不出来。企业花费成本在这些平台上打招聘广告，结果往往会收到很多无关的简历，届时需要花费不少时间筛选，而且还不一定能找到运营方面的人才。再加上传统求职平台对互联网行业招聘的支持一般比较差，因此不推荐使用，哪怕企业对于人才的运营经验并无要求，想要招募具有运营思维的新手，也最好不要完全依赖传统平台寻找人才。

而在使用其他几种渠道招聘运营人才时，也要综合考虑其优缺点，并巧妙使用一些招聘的手段，才能更快地找到需要的人才。

1. 社交招聘渠道

社交招聘渠道指的是通过社交网络平台发布招聘信息，等待应聘申请的方法，采用这种方法招聘，可以让招聘信息通过社交网络的“人际关系链”广泛传播，关注信息的粉丝在进行转发、评论，如此像涟漪一样扩散开去，可以触达更多的潜在求职者。而且这类求职者的人脉、沟通能力、文字能力、思维模式能够被企业一览无余，求职者是否适合运营岗位也可以得到准确衡量。

一般常用的社交招聘渠道有若邻网、大街网等，另外在豆瓣的圈内招聘小组、美团点评的招聘官网等发布运营岗位的信息，也能得到相关专业人才的重视和回复。需要注意的是这类社交招聘渠道因为人才总体数据较少，并且往往需要企业与求职者互相关注才能取得联系方式，因此招聘效率比较低，可能需要付出一定的耐心才能找到适合的人才。另外，像大街网这种平台应届大学生资源比较丰富，更适用于招聘运营新手，而不适合招募经验丰富的人才，这也是企业需要综合各种渠道招聘人才的原因之一。

2. 互联网垂直渠道

除了社交招聘渠道外，垂直渠道的招聘平台如拉勾网、内推网等也是企业在寻找运营人才时可以重点考虑的。这类网站通过对互联网垂直行业的职位聚合，最大化地解决了职位信息的不对称，可以让企业与人才直接对接，大大提升了招聘效率。

以拉勾网为例，页面如图 7-2 所示。 招聘的职位包括了运营的每一个岗位，当企业发布招聘信息后，拉勾网还总结出了充满诱惑的关键词如“技能培训”“股票期权”“岗位晋升”“帅哥多”等来吸引求职者的注意，每条招聘信息中的职位描述、岗位职责、任职资格等也都清清楚楚地介绍和描绘了运营的职业概貌，让打算从零开始学做运营的求职者也能心中有数。

图 7-2　拉勾网首页

更值得一提的是，拉勾网上每个职位的月薪都有一个明确的区间值，而且福利待遇等也都有清楚的介绍，如北京某公司招聘内容运营，月薪“8k～13k”，福利措施有“1 年 16 薪、带薪年假、五险一金、美味三餐”等，这样的做法比起某些招聘网上写着“薪酬面议”要透明、实际得多，也能方便求职者找到符合自己心理期望值的职位，更减少了企业与求职者交流的隔阂，可以成为企业引进运营人才的主要渠道。

3. 企业内部推荐

企业内部推荐的方法主要用于中高级运营人才的招聘，这种方法能够为企业节省大量的招聘成本，包括在登广告的费用、付给猎头公司的佣金以及筛选阅读简历的时间成本等。 而且从企业内部找到的人才对于企业的品牌文化有比较深入的认识，比从外部找来的“空降兵”更能适应工作环境，也容易融入团队中开展工作。

不过这种方法也有一定的缺陷，主要是某些人选并不是因为适合运营岗位要求，而是被领导、同事推荐，这样的人选在正式上岗后的表现可能还不如从外部选聘的人才。因此企业HR和运营团队负责人对推荐的人选还需要进行审慎的面试和复核，对于不适当的人选要敢于“铁面无私”地拒绝，这样才有助于提高内部推荐的成功率。

4. 熟人推荐

熟人推荐与内部推荐有一定的相似之处，都能够为企业节省招聘成本。而且推荐者通过自己的人际关系网，能够发现适合运营岗位的人才并进行推荐，可以为企业解决招聘信息不对称的问题。被推荐者被录取之后，因为顾及到熟人的“面子”，工作也会更加努力。

缺点是推荐者与被推荐者是熟人、朋友关系，往往会带有一定的感情色彩，推荐者对人才可能会有过度美化的情况，实际的能力、品行可能会含有“水分”，这些都需要在随后进行的面试中进行甄别。

5. 猎头平台

猎头平台上有不少优质的人才资源，有助于企业引进中高层的专业运营人才，不过这类平台招聘成本较高，而且很多时候求职者的联系方式和企业的高端职位都会被选择隐藏，造成信息对接较差，真正适合的人才可能被企业错过。因此这种渠道使用的比重较前几种渠道要低得多。

不管采用哪一种渠道发布招聘信息，寻找运营人才，都最好由运营团队负责人主持进行，而不能完全依靠HR，这是由于运营岗位具有特殊性，需要什么样的人才只有团队负责人最清楚，负责人会把好“面试关”；而且负责人亲自参加招聘，也能方便与人才进行沟通，将来在实际工作中互动会更加顺畅。

另外，在发布招聘信息时最好不要采用中规中矩、严肃认真的招聘语言，而可以变化方式，用生动、幽默的语言彰显出企业和产品的风格，这样可以更好地吸引人才的关注，而且也容易造成传播影响，也许无心之中会造成小小的爆点，对于产品和品牌的宣传十分有益。比如“今日头条”招聘“内涵段子”产品运营人员时就采用了这样的职位描述方式：“现在的段子手，关注实事，发掘热点搞段子，思维活跃，日读段子三百篇；现在的运营人将运营融入生活之中，生孩子都搞活动让大家下注买是男是女；对于这样懂运营的段子手，我只想说四个字：请联系我！！”通过一段幽默风趣的语言描述了职位要求，让求职者在会心一笑之余也产生了对企业和产品的兴趣，如果自身符合要求的话，就会踊跃投递简历，这种做法的效果要大大好于使用常规的一本正经的招聘语言。

面试重点考察素质和潜力

从各个渠道招聘到的人才还需要通过面试的考验，证明具备运营岗位需要的能力，才能获得任职资格。 这种面试应当由团队负责人主持，以便重点考察求职者的运营能力、工作态度、发展潜力等特质。 为了避免出现人岗不匹配造成的错误聘用，团队负责人首先要明确岗位能力需求，并制定成相应的面试题目，有针对性地对求职者进行考察。

而从求职者的角度来看，在制作自己的简历时就要突出相关工作经验，如果缺乏经验则要尽力展示自己的各项能力，最好能用具体的事件举例进行说明，以增强说服力。 而在面试中则要尽量表现出自己的运营经验和相关能力，即使之前没有在运营岗位任职的经历，但至少也要对运营有一个比较清楚的认识，并且要表现出乐于学习和追求进步的决心，这也会为求职者加分。

在面试运营岗位时，求职者的以下几种能力是特别被看重的。

1. 沟通能力

沟通能力对于运营人员来说是非常重要的一项素质，因为运营的工作职责决定了每天需要不断地与用户、上级、同事、下属进行多方面的沟通，并且跨部门的沟通也非常必要。 良好的沟通有助于消除误解，促进共识，提升信息传递效率，是运营人员做好工作不可缺少的能力。 而沟通能力不佳，运营人员就可能处处受限，工作起来极为吃力。

为此，在面试时运营团队负责人可以多设计一些开放性的问题，比如:“在工作中和同事意见不一致时，你一般如何处理？ 请具体说一说你的想法。”以这类问题来鼓励求职者畅所欲言，在观察其语言组织、表达能力的同时，也可以顺便考察一下求职者的思维、反应能力。

2. 活动策划能力

作为一名运营者，活动策划能力是不可或缺的职业素养，能够成功策划活动，有助于提升产品和品牌的影响，并可吸引大量新用户涌入。而活动策划能力不佳，则会白白消耗企业资源而一无所得。 因此企业在面试时会重点考验求职者是否具有这方面的创意和能力，比如是否具有超强的市场洞察力、应变能力、公关能力等。

其中对市场的把控可以帮助运营者策划出最新颖、最符合用户需求的活动方案；而应变能力可以帮助运营者从容处理活动中可能出现的各种问题和危机；公关能力则有助于运营者与各部门工作人员、其他行业相关人员打好关系，使他们为活动提供帮助，保证活动正常实施。在面试时，运营团队负责人可以请求职者为本企业的产品策划一个推广方案，包括行动计划、成本考虑、效果预估、人员安排等，用这种方法可以比较方便地考察求职者是否具有上述这些能力。

3. 文案写作能力

文案是运营人员日常的工作内容之一，这个工作看似简单，但并不是谁都能做好。好的文案哪怕只要一个标题就可以赢得10万以上的阅读量，但文案水平一般，效果就会大打折扣。

求职者的文案写作能力可以在笔试作答中得以显露，运营团队负责人可以简单设置1~2道笔试题对其进行考察，比如：“列出一个你最熟悉的互联网产品，说明该产品现阶段及今后的发展方向。”这种题目的答案无所谓正确与否，主要是要考察求职者的文笔、思路以及对市场趋势的洞察能力。

除了笔试以外，求职者以前的文字类作品也可以作为参考，如果是通过社交渠道招聘来的求职者，其在社交平台上发布的一些帖子、评论等也可以作为文案写作能力的辅助参考。

4. 业务能力

业务能力主要包括求职者对运营职位的个人理解，以及对产品和行业的关注度。业务能力是运营人员必须具备的基本素质，如果尚未形成对“运营”的正确认识，工作就难免发生方向性的错误；如果对产品和行业关注不够，就不可能抓住市场趋势和用户实际需求去挖掘产品价值，把产品做大做强。

为了考察求职者的业务能力，运营团队负责人可以让求职者回答类似“如果让你做这个职位，你会怎么开始工作”的问题，给求职者尽情发挥的余地，从中可以判断求职者是否具有从事这个行业的资格。

5. 高效执行能力

高效执行的能力能够让运营人员快速运转起来，避免拖延和敷衍，将决策迅速转化为结果，这种能力不仅是运用岗位需要的，也是互联网行业任何一个岗位都非常需要的能力。互联网市场形势瞬息万变，容不得半点拖沓和犹豫，可能只是短短的一个延迟，就会丧失先机，让人扼腕叹息。

为了考察求职者的执行能力，运营团队负责人可以问一些某项目宏观计划和执行细节的问题，特别从执行细节中可以看出求职者是否执行有力，做事积极并善于变通。另外可以询问求职者如何分析总结项目中的某个错误的或失败的细节，以此可以顺便考察一下求职者的抗压能力。

6. 数据处理能力

运营人员需要具备一定的数据分析和处理能力，从中发现问题，找出规律，用于指导运营工作。运营人员对数据具有敏感性，可以减轻工作难度，便于迅速提取有效的信息，找到行之有效的解决办法。

在面试时，运营团队负责人可以拿出一点数据资料让求职者分析，即使是运营新人，还做不到发现并解决数据背后的问题，但至少也要知道PV、UV、DAU、MAU、ARPU这些指标的意义和计算方法等，否则就成了彻底的“小白”，招聘这种求职者还要花费时间从头教起，可产品发展却是等不起的，所以只能请此人离开了。

7. 学习能力

运营是一个综合性很强的职业，特别是在知识更新日新月异的互联网时代，即使是有多年运营经验的“大咖”，也不敢说自己对运营已经完全精通，只有在实际工作中不断学习，不断提高，运营能力才会越来越强，而这就需要运营人员具有很强的学习能力，善于在工作中总结、分析，吸取同事、上级甚至竞争对手的优秀经验，用学到的技巧充实自己，将来在工作中就会越来越得心应手。

因此，运营团队负责人可以考察一下求职者是否具有主动学习的意识，比如可以向求职者提出这样的问题：“请讲一讲你从某个项目或任务中学到了什么？”“请说一说你是怎样有意识地提高自己的工作技能、知识和能力的，你有特别有效的办法吗？”从求职者的回答中，可以看出他/她是不是总是主动更新自己的知识和技能，而不是被动地等着老板要求学什么才会开始行动。

在上述这几种能力之外，求职者的成本控制能力、性格、兴趣爱好等也可以成为面试考察的一部分，比如求职者性格开朗、乐观，在融入新团队时就会更加容易一些；求职者善于进行成本核算，在将来做活动策划时就可能有意识地为企业节约资源投入，以较小的投入赢取较高的产出正是运营的一项良好素质。

在面试中，运营团队负责人还要注意给求职者留下主动提问的时间，因为面试毕竟是双向的，在企业考察求职者各项能力的同时，求职者也有权了解企业、产品以及具体职位、薪金等各种情况。 面对求职者的这些问题，运营团队负责人应当尽量给予礼貌而详尽的答复，特别是涉及薪金、福利的问题，不要故意含糊其词，可以坦诚相告，以扫清求职者的疑惑。

另外，在面试结束后，如果求职者并不符合运营岗位的需求，运营团队负责人也应当如实告知对方，并具体指出对方哪些地方做得不错，但在某些细节上还有欠缺，这样能够帮助求职者提高，也能为求职者留下美好的印象。 即使面试失败，求职者对于产品和企业的良好口碑并不会改变，甚至反而会成为口碑宣传者。

此外，符合要求的求职者会进入下一阶段的面试，这个阶段将由 HR 主持，但运营团队负责人也需要继续跟进，以推进求职者顺利入职。

帮助新人快速融入运营团队

新人入职后，运营团队的负责人还要想办法帮助他们快速融入团队。 一般新人刚刚进入陌生的工作环境，都会有不习惯的感觉，短时间内也觉得无所适从，也不知道如何开展手头的工作，这时如果负责人和老成员能够伸出援手，帮助他们理清思路，就能让他们迅速进入工作状态，为团队做出贡献，同时也能让他们对团队产生归属感，并构建起融洽的人际关系。

初到工作岗位的运营新人们，至少需要理清以下这些问题。

1. 行业和产品等背景问题

行业和产品问题主要是一些关于行业发展情况、产品和企业现状之类的基础问题，解决了这些问题可以帮助新人掌握产品定位和发展目标，从而对自己的工作重点和发展方向有一个大概的判断。 比如企业所处的行业规模和竞争格局，主要的竞争对手及各自的竞争优势，产品目前所处的发展阶段和产品的核心功能，目标用户的定位及特征等。

在了解了这些问题的基础上，新人可以有针对性地去思考自己能够给企业和产品带来什么增益？ 从竞品中可以学到哪些经验？ 以及如何抓住用户的痛点等。 在不断地思考和学习中，能够提高新人的运营能力。

2. 团队架构和发展阶段

作为团队的一分子，新人对自己的团队也应当做到深入了解，比如了解团队目前处于什么阶段，是初创期还是稳定发展期；团队的架构是否完善，在关键链上是否存在薄弱的环节。 这些问题也能够帮助新人正确认识自己即将担任的“角色”，并建立起和团队之间的联系。

同时，负责人也要介绍新人和其他成员相互认识，熟悉各自的姓名、职责权限、分工，帮助新人与团队成员做好最初的沟通，这对他们适应新集体也是很有帮助的。

3. 新人具体的工作内容

新人要了解自己的工作任务和需要达到的目标。 由于运营本身工作种类多而杂，相互之间又有着千丝万缕的联系，所以应当提醒新人有主动思考的意识，不要总是等着领导安排工作，工作中遇到不懂的地方一定要多咨询，问清楚之后再执行。 工作完成之后也要思考总结，从中找到优点和不足。

新人们还可以给自己的工作定性分类，看看是偏内容运营还是用户运营、活动运营，从而找到工作的重心，并学会考虑更加有效的工作方法，要培养出为结果负责的意识。 另外，新人们还可以为自己制作工作计划，判断自己的工作成果是否达到了预期。 经过这样多次锻炼后，遇到同样的工作后，新人就会慢慢产生得心应手的感觉。

4. 关键的联系人及联系方式

运营人员在日常工作中少不了与其他部门乃至其他企业的相关部门联系和沟通，而且团队内部成员之间也需要形成紧密的联系，才能够协调好各方的需求，把握运营的节奏，将工作做好。 而这就需要新人们多多了解相关联系人的情况，以及他们的工作风格和联系方式等。

与新人直接相关的上下游关键联系人是谁，采取怎样的合作方式？如何与产品部门、开发部门、市场部门做到信息沟通有无？ 如果策划活动，预算审批等问题又该去找谁解决等。 这些问题都需要负责人和老成员帮助新人尽早梳理清楚，这样在之后的工作中才能做到游刃有余，而不是有处处掣肘之感。

5. 可以使用的工具和资源

好的运营离不开各种工具和资源的帮助，比如内容运营需要使用的排版工具、文档写作工具、H5 页面制作工具，用户运营、活动运营需要使用的表单和联系人管理工具、数据统计分析工具以及一些运营辅助工具等，使用这些工具可以帮助运营人员节约工作时间，提升工作效率，新人应当尽快学会使用这些工具，特别是团队通用的一些工具更是应当做到熟练运用。

在资源方面，最主要的是各种渠道资源，新人需要了解团队常用的推广渠道和推广形式，以及各种渠道的推广效果等。

在明确了上述问题之后，新人已经基本熟悉了业务流程，能够顺利应对新的工作了。不过为了帮助他们更好地融入团队这个集体，提高团队凝聚力和竞争力，负责人还要多与他们进行沟通和交流。这种沟通又可以根据新人的特点分为两种，一种是之前没有运营经验的纯新人，他们对新环境有强烈的好奇心，求知欲望旺盛，但往往承压能力较差，没有强烈的团队意识。负责人可以多他们进行鼓励，在他们遇到挫折后帮助他们分析原因，摆脱不良心态，同时可以利用他们的求知欲激励他们多从各种途径学习运营知识，快速适应岗位需求。

另一种是之前有过运营经验的新员工，他们适应岗位的过程会相对轻松一些，能够更快地进入状态，但也可能出现自视较高而不太容易管理的情况，对于这类新员工，团队负责人在表现倚重态度的同时也要适当指出他们身上的缺点和不足，帮助他们端正态度，以饱满的精神投入到运营工作中来。

另外，团队负责人可以将新人邀请到团队 QQ 群、微信群中，组织全体成员多人聊天，以增进彼此之间的了解。还可以在例会上多鼓励新人发言，并对其发言中有价值的部分给予肯定。此外，在运营团队举办线上、线下的活动时，负责人要想办法让所有成员都能发挥作用，通过这种集体行动，能够为新人树立起团队意识，使他们真正将自己视为团队的一分子。

从新手成长为团队的骨干精英

对于运营这个职业，很多人认为它门槛低，进入的难度小，不论之前所学的是什么专业，有无相关工作经验，只要具备相应的能力，也能进入运营岗位，从基础的运营工作做起，撰写文案、整理资料、体验竞品、维护用户，这些工作似乎也很容易上手。不过，入门容易的运营，却并不是每个人都能真正做好，最终能够从纯新手成长为高级运营人才者也几乎是凤毛麟角，这并不是因为新人们天分不同，而是因为没能通过学习不断充实和提升自己，从而把握好职业生涯成长的机会。

事实上，只要能够以正确的心态对待工作，不断在实践中历练、学习，熟练掌握运营的各个环节，新人就能够以较快的速度成长进步。一般一名初出茅庐的“新手运营”，经过 1~3 年的历练，能够掌握部门运营的专业技能，成为“初级运营”；接下来可以深挖自己擅长的某方面业务，获得专业技能的飞速提高，成为“中级运营”，在此过程中，对于行业、用户的理解也逐渐加深，能够从被动执行进步为制定部分运营策略，这个阶段可能需要 3~5 年的工作经验；随着工作经验的丰富、阅历的增加，各方面能力不断攀升，能够做到从整体的角度看待运营，不仅有能力带好项目，还能够带好自己的运营团队，成为“高级运营”，这个阶段一般需要 5~8 年的工作经验。每一位进入运营岗位的新人对于这样的职业发展线路应该都有清楚的认识，同时团队负责人也可以帮助新人做出职业规划，分析他们身上存在的优势和劣势，激励他们更加迅速地成长，成为团队不可缺少的骨干精英人才。

新人的学习和成长可以从以下几个方面进行。

1. 主动学习新知识、新技能

运营新人应当时刻保持谦虚的态度，主动学习自己不熟悉的知识并加以应用。特别是互联网上不断涌现的新产品，运营新人可以多去使用，让自己始终跟得上行业的发展趋势。在做竞品分析的时候，可以同时与自己企业的产品进行对比，通过产品的模块分析其系统架构，逐步扩充自己对于运营各方面知识的了解。另外团队负责人及老员工可以向新人伸出援手，帮助他们排疑解惑。

主动学习的态度对运营人员的成长进步是非常重要的。但是有很多新人却还没有体会到这种重要性，虽然能够顺利完成分配给自己的任务，但却缺乏进一步探索和研究的努力精神。可能在同一岗位工作了 1~2 年，却没有什么大的进步，对互联网上关于运营的新技术、新工具也不了解，最终也只能停留在“初级运营”的角色，难以有所突破。这样的工作态度肯定是要不得的，作为新人更应当积极勤奋，比如要求策划活动，就不仅要设计活动流程，还要能做好活动预算，用更高的标准要求自己，在能力允许的条件下做些分外的事情，这样才能学到更多实用的知识和技能，也才能尽早实现从新手到精英的转变。

2. 多发问、多思考

善于提出问题和解决问题是优秀的运营人才必须具备的能力，作为运营新手尤其需要学会分析和思考。对于上级交代的每一个任务，要学会站在业务层面甚至行业层面去问一问“怎样做效果更好”，比如同样是整理用户资料的任务，新人 A 老老实实地将资料分门别类归档整理好，任务完成；而新人 B 则想办法将资料按照用户生命周期整理为几类，还编写了报告，总结了自己从中发现的特点。很显然，新人 B 的工作要比新人 A 有意义得多，上级也会满意得多，这种情况一直继续下去，B 的职场发展空间就会比 A 大得多。究其原因，就是因为 B 在工作中能够做到积极思考，想办法找到最佳的工作方法，并表现出了自己对运营的逻辑思路。而同起点发展的新人 A，却始终停留在“打杂”的过程中，没有自己的想法，很难获得提升。

有志在运营岗位发展的新人们就应该像 B 这样，多试着思考和分析成功的业务流程和体系，多用自己的逻辑和理解去讲清楚产品、运营、市场等职能之间的关系和差异。随着工作经验的不断积累，今后还需要多开阔视野，学会从资本面、技术革新、市场动态等层面去判断和理解事物，成长为不可多得的高级运营人才。

3. 磨练执行力

运营新手应当尽一切可能磨炼自己的执行力，为此，新人应当积极参与到整个运营活动中，了解每一个环节，这本身就是一个执行的过程，通过认真执行，才能发现问题、找到方法、总结规律。比如新人在参与某个项目时，通过执行可以找到某个流程其实是可以改进从而加快进度的，这就是执行带来的能力提高。

如果新人在工作中遇到了难度较大的问题，也不要因为害怕失败而停滞不前，可以与团队负责人和老员工多做探讨，并试着去执行，在执行中找出问题的根本原因，再想办法去解决。运营的工作本身很烦琐的，很多做法没有既定的规则，特别是全新的项目，只能通过执行去验证某些做法是否可行，所以与其被动等待，不如先试着去执行。当然，这种执行也不是没头没脑、不加思考地胡乱尝试，而是应该经过深思熟虑再进行。为了减少试错的成本，新人可以将项目尽可能细分为若干个环节，列出每个环节的工作内容和预期目标，然后将想到的办法用于第一个环节的执行上，如果证明可行，就可以按部就班进行下面的工作；如果出现问题，就要转化思路用别的办法重新尝试，直到最终完全成功。

4. 不断调整心态

做运营工作需要具备良好的心态，因为运营人员常常要承受来自用户、老板、上级、其他部门等各个方面的压力，用“四处受气”来形容并不过分，而且很多活动方案、产品测试等也难免会遭遇波折和失败，如果运营人员不能学会及时调整自己的心态，就会被过多的负能量压得喘不过气来，工作效率、态度都会受到严重影响，尤其是以前没有运营经验的新人更会感觉难以适应。对此，新人要注意进行自我调适，以缓解过多的压力。同时可以多与团队成员、其他部门的同事交流，常做换位思考，建立和谐的人际关系，有助于工作的顺利开展。

另外，还要提醒新人的是要有耐得住寂寞的心态。一般新人从刚进入岗位到能够独立带项目往往要经过 2~3 年甚至更长的时间，在此期间都要不停地接受周而复始的历练，可能会让新人感觉枯燥、烦闷，感觉工作前景一片渺茫。其实新人大可不必为此而消沉，这是每一位运营人员的必经阶段，可以把它当成是学习成长的机会，踏踏实实地做好各个环节的工作，当团队能够放心地将项目交给自己的时候，就可以尽情地表现自己的实力，做出让自己和团队都能满意的成绩。

5. 多接触用户

用户是运营人员最宝贵的资源，所有的产品、内容都是为了让用户有更好的体验，从而使用户留存、免于流失并提高转化。因此新人要形成重视用户的意识，平时要尽可能多接触用户，可以通过观察、分析数据和用户访谈等方式深入分析和了解用户。同时新人们也不要局限于自己的工作，可以多体验多分析相似的甚至不同类型的产品，以了解不同类型的用户特征，即使是小众的甚至有些“奇葩”的用户也不能错失，他们会让新人对于用户产生更加全面而深刻的理解。

新人们不妨学习一下小米运营人员与用户交流的方法：几位运营人员为了找到 100 个种子用户，不惜注册几百个账号到专业网站不停地发帖，与用户不停地交流，最终实现了目标，也通过种子用户扩大了 MIUI 的影响。新人们也可以拿出这种精神，去微信、微博、QQ、豆瓣、天涯等渠道与用户沟通，熟悉和了解用户的需求，与一些核心用户建立友好关系，甚至成为朋友，听取他们的反馈和建议，将他们发展为自己的推广下线。在与用户沟通交流的过程中，新人们能够迅速成长，还能积累下宝贵的用户资源，并可为产品提供不少有参考性的建议，可谓一举多得。

6. 对新鲜事物保持敏感

从事互联网行业的人必须对网络上的新鲜事物始终保持高度的敏感，才不至于落伍。特别是运营者更需要密切关注互联网上的热点事物，找到可以借势传播推广产品的“点”。对于新人来说，一开始可能还不太会“借势”，随着长期的实践锻炼，就能逐渐培养出敏感性，一有热点出现就会马上做出反应，对这些事件的背景、起源、来龙去脉都要有所了解，再想办法联系到产品上，进行仔细的解读，并施展巧妙的办法进行传播，从而将大众的目光聚焦点引回到产品上来。

除了以上六点之外，新人还需要学习和锻炼其他一些能力如管理能力、领导能力、判断能力等。随着各种各样能力的提高，新人也将会从青涩的运营“小白”慢慢发展为专业的运营人才。这些在辛苦累积下来的经验和能力将成为新人职业发展的一个个突破点，帮助新人脱颖而出，在运营的职业发展道路上找到属于自己的立足点。

运营团队该如何考核

在互联网企业的所有部门里，运营部门可能是考核指标最明显直接的部门，面对各种繁多的考核指标，如何科学地评价和分析团队成员的工作成果就成了一个颇具难度的问题。更何况，有时候团队成员付出了很大的努力，但结果并不能用确定的数字来计算，为此，团队必须有一套绩效考核标准体系。这套体系不仅应当包括KPI指标，还应该对成员的工作态度等进行科学的定性、定量的分析，这样才能够对成员的实际工作情况进行准确、合理的综合评价，有助于掌握成员的业绩表现、执行能力、工作态度、专业素质等多方面的情况，帮助团队和企业对成员做出合理的奖惩决策，以提高他们的工作绩效，并可激励团队士气，促进整体运营工作的不断进步。

为了使考核结果能够尽量真实、全面地反映成员的实际工作情况，在制定 KPI 指标时应有科学的认识，考核方法要合理，指标设计要符合实际，考核的计划、评估、沟通、反馈、改进以及申诉机制等都要考虑全面。 如果项目设定和评定标准不合理，或是只有扣分项没有激励项等，都会使考核偏离原本的目的而失去意义。

下面以某运营团队的绩效考核表（见表 7–1）为例进行说明。

表 7–1　某运营团队绩效考核表(简版)

考核维度	考核指标	考核标准	实际达成情况	权重值	考核结果
KPI	业务执行质量	如“能否按期完成任务？执行结果是否达标？”可按不同项目细分	提前/推迟完成，达标数据	20	
	业务管理流程	如“项目把控是否顺畅？需求反馈是否及时？处理方法是否有效？”		20	
	团队合作情况	如“是否能够配合团队成员？能否与其他部门密切合作？团队需求处理是否及时？”		10	
	业务支持率	考核周期内所支持的业务比例		20	
能力	业务能力	如“能够胜任自己的岗位，熟练运用工具与资源，对产品特性十分熟悉”等		5	
	成本意识	根据“每千元广告投入产出活跃用户数”等数据衡量		5	
工作态度	敬业精神	如“能够遵守上级指示，及时准确回报工作，能够主动承担更多的工作责任”		5	
	重大贡献	如“对本部门业务及工作提出极为有效的建议，为部门取得重大效益”		10	
	考勤制度	考核期间迟到、早退、请假情况	全勤且无迟到早退 5 分	5	
考核结果合计	考评等级				
考核人	被考核人				

表 7-1 中对团队成员 KPI 的考核指标根据具体的产品性质和发展阶段的不同而有所差异，比如新媒体运营 KPI 的目标有新增粉丝数、阅读量、转发数、转化率等，而网站运营的 KPI 有新增注册用户数、用户活跃度等，电商运营的 KPI 有有效订单、总销售额、客单价、毛利润等，凡此种种需要具体问题具体分析，再根据不同的指标衡量出成员业务执行的质量和对项目把控的好坏等。

除了 KPI 之外，现在很多互联网公司如 Google、豌豆荚、知乎等还会使用 OKR（Objectives and Key Results，目标和主要成果）的考核标准，这种方法的思路是先制定一个确切的可衡量的目标，然后明确目标的结果如“通过产品的设计和实施，让用户轻松划动就能看到更多内容”，再对结果进行量化，最后考核完成情况。与“只看结果，不问过程”的 KPI 相比，OKR 的目标看上去空泛，但可以向成员提供更大的发挥余地，他们会想办法去实现“轻松滑动”“看到更多内容”这些目标，而为了达到目标尝试的这些做法并不直接与绩效薪酬挂钩，这有助于让成员摆脱数据的禁锢，自由发挥能动性和创意，而不是总挖空心思想着如何去争取达成 KPI。不过，OKR 的实现需要成员有高度责任心，而且对团队管理者的要求很高，因此需要系统的培训后才能得以实施。

无论是使用哪种考核方法，都应该注意以下几方面的原则。

1. 明确考核的目的

团队开展绩效考核工作，首先必须明确考核的目的，即考核只是管理手段而非管理本身，因此为了考核而考核，个别企业甚至将考核当成了克扣员工薪金的手段，上班迟到一分钟扣钱，加班却不给付加班费等，这样的考核是对员工合法权益的侵蚀，不但会受到员工的反感，还会违反法律法规，是应当坚决避免的。事实上，进行考核主要是为了促进团队和成员的共同进步，通过激发成员的能力和积极性来实现运营发展的目标，这是一种双赢的局面，负责人切勿将团队和成员个人的利益割离开来看待。

2. 建立目标责任体系

目标责任是指不同的责任中心在考核期内应达到的目标。在考核时应当注意到考核不是孤立事件，应当与企业人力资源、经营管理、发展战略等都有密切联系，应当根据目标责任书将工作目标分解，明确部门间的协作关系，对运营部门与其他部门间相互配合提出具体要求及奖惩条件，通过各部门的优秀业绩实现企业整体业绩最优。

3. 制定科学的评价指标

考核指标应当是切合实际的，即成员通过努力可以在限定时间内实现任务目标，同时指标应当具体明确的，可以方便衡量和与过去、未来的数据相比较。除了量化指标外，可以有定性指标，但文字描述应当尽量细致、具体，以便操作，尽量不要使用简单的“优”“良”“合格”这样的指标，由于每个人的主观看法不同，采用这样不够明晰的指标就可能会使考评人的理解产生偏差。

4. 选择符合实际的考核办法

绩效考核的方法有很多种，比较简单和运用普遍的有之前介绍过的KPI、OKR等多种方法，选择何种考核方法，要适合团队和企业的具体实际，并能够客观、有针对性地评价工作业绩。比如OKR更适合中等规模以上的企业，有助于解决部门之间的内耗和方向背离等问题。同时，企业如果处于转型期，需要激发成员的创新能力时，也可以采用OKR来对员工进行鼓励，告诉他们不必太在意关键成果的完成度，只要能够动脑工作，也能取得较好的OKR数据。

5. 做好考核信息反馈及成果兑现

考核完成获得结果后并不意味着考核工作的结束，团队负责人还需要对结果进行全面分析，找出未达标的原因，并与相关成员进行沟通，明确指出其工作中存在的不足，并提出改进意见，帮助成员在下个考核周期提高工作业绩。此外，团队还要及时兑现规定好的奖惩措施，该奖就奖，该罚就罚，不宜拖延或心软，否则考核也就失去了其激励和鞭策的效果。

绩效考核是一项复杂、系统性、长期性的工作，从执行考核之前的计划、监控到考核的整个流程，再到考核完成后的成果运用，每一个步骤都应当精心雕琢，同时团队要将考核工作制度化、持续化地坚持开展下去，才能更好地巩固考核的成果，并引起成员的高度重视，使得绩效考核成为一个增强共识、凝聚人心、促进发展的多赢手段。

团队激励制度：从人性出发

任何优秀的团队都离不开成熟完善的激励制度，运营团队也不例外。团队负责人应当从团队组建初始就开始思考用什么方式能够最好地激励成员，留住人才并激发他们全部的积极性和创造性。

一般人们所能想到的最直接也是最有效的激励方式就是实实在在的金钱收益，包括成员的工资、奖金、福利等。金钱是交换的媒介，能够满足成员的物质需要，对他们来说确实非常重要。因此团队将工资、奖金与成员的绩效直接挂钩，能够在一定程度上激励他们付出更多努力，获取更多金钱。

不过，金钱并不是万能的，想要最大限度地激励成员，还要从“人性”出发，考虑到人不仅重视物质方面的需要，更看重精神方面的满足，如被认可、被重视的自豪感，业务顺利执行的满足感；团队和谐氛围带来的愉悦感，对职业发展前景的可期待感等。有时来自精神层面的激励甚至比物质层面的效果更加明显。

阿里巴巴集团为了激励员工，让他们发挥工作积极性，就采用了包括奖金、加薪、股票期权、培训机会、晋升空间在内的综合激励体制。在阿里巴巴，各个职位层级的工资都是透明的，非管理岗位一般分为10级，其中P6、P7、P8的比例较大。P6年薪20万~35万人民币，享受股票期权2400股（工作满2年才能享有，第一次获得50%，4年获得全部份额）；P7年薪30万~50万，享受股票期权6400……这些透明的数字让员工们十分清楚一点：想要获得更多的收益，就要付出与之相称的努力。而逐年获得期权的做法也有利于保持团队的稳定，并可提升员工对职业前景的预期。

另外，阿里巴巴还用“赛马”式的激励方法来激发员工的创意，员工们可以把自己一些好的想法和创意上交到阿里的项目委员会，经过委员会审批之后，员工可以得到充足的资金、人手和其他资源，能够尽情地施展自己的才华和抱负，阿里很多好的项目都是通过“赛马”成立的。其中，有刚入职的员工用自己的聪明才智创造的优秀方案，阿里“不拘一格降人才”的态度让他们赢得了更多的发展空间。

而在职位晋升的问题上，阿里也充分尊重员工的自主意愿。通常员工转岗、升职不是由上级主管决定，而是员工自己经过一年的工作情况来进行判断，如果认为自己的能力确实达到了晋升的水平，就可以提交申请，由各个部门的资深同事进行考核，并最终投票决定员工的去向。同样，员工认为另一个岗位如淘宝、支付宝等子公司某部门的岗位更适合自己，只要提交足够的证明如绩效考核表、能力认证等，并且经过试用确实能够胜任，那么上级主管也会欣然配合。

阿里巴巴的激励机制就是从“人性”出发，充分尊重了员工的物质需要和精神需要，考虑到他们追求个人发展的意愿，为他们提供了自由发挥所长的平台，因而能够更好地带动员工的工作积极性，使他们在工作时保持着认真、努力、具有高度责任感的状态，并形成一种团结奋进的群体合力，向着既定的团队和企业发展目标采取行动。

运营团队的负责人在建立激励体制的时候，不妨参考阿里巴巴的做法，充分研究成员的真实需求，综合采用多种手段，以激发成员的责任感、积极性，促进他们养成良好的行为习惯，构建良性的团队环境。激励措施做得好，不仅能够使成员发挥自己的全部潜能，还会使成员真正将自己看成是团队、企业的一分子，和企业同甘苦、共命运。

具体来看，运营团队在激励成员时应注意以下几点。

1. 把握任何一个可以激励的时机

激励应该保持常态，抓住可激励的每一个机会对成员进行各种手段的鼓舞、促进或者鞭策。成员能够顺利执行业务，超额完成了既定 KPI 指标，需要表扬、鼓励等正面激励来肯定他们的工作，满足他们的自尊心；成员表现平平，没有特殊之处，也需要进行督促、鼓舞等激励方式为他们注入激情，推动他们努力工作；成员执行失败，没能完成 KPI 指标，更需要负激励即相应的惩罚措施来帮助他们警醒，以促使他们端正态度，主动寻找失败的原因，总结教训，在下一次运营工作中有所改进。这些激励工作没有定时、没有定规，应保持连贯性，不可随意中断，才能有效调动员工的积极性。

2. 激励应以事实为依据

采取激励措施必须建立在事实的基础上，根据成员运营工作的客观实际效果，施以相应的鼓励或刺激，以达到激励的目标。这就要求团队考核务必要坚持实事求是的原则，从公平合理的角度出发，参考绩效考核的各项指标数据，对成员进行正确激励。如果激励缺乏考核依据，仅仅因为团队负责人的一颗私心，不考虑成员工作的实际业绩，就对自己喜爱的成员慷慨地给予物质激励、精神激励，对于自己反感的成员不做激励或者惩罚报复、“穿小鞋”、处处为难。或者上级多拿一些，下级少拿一些，这样就做不到人尽其才，还会使得团队的偏向力、离心力越来越大，个别成员为了私利拼命讨好团队负责人，以求获得更多好处，而真正踏踏实实做事的成员却会受到排挤并最终流失。最终团队中的风气就是小人得志，工作做不好，任务完不成，运营没起色。

3. 不宜照抄照搬大企业的激励措施

有不少中小型互联网企业缺乏完善的制度体系，团队对于成员的激励基本靠负责人拍脑门决定，必然存在很多不合理之处。有很多团队也为这个问题而烦恼，最后解决的办法是照搬照抄大企业，如谷歌、百度、阿里等现成的激励措施，觉得能在大企业运行成功的模式到本企业也能顺利施行。可结果却常常事与愿违，这主要是因为小企业在商业模式、资金规模、组织结构、团队管理等方面与大公司都存在很大的差异，如果盲目移植大企业的成功方法，就会出现激励“变味”、无效甚至阻碍发展。对此，团队负责人应当有正确的认识，不宜盲目实行激励，而要结合本团队的实际情况，有策略、有计划地合理实施。

4. 激励过程中要注意沟通

为了使激励取得最好的效果，直达成员的内心，团队负责人在进行激励的同时要注意与成员之间做好沟通工作。沟通是双向的，既有上级对下级的鼓励、赞许、嘉奖等，又有下级对上级激励措施的回馈，团队负责人也可以从成员的回馈中审视激励工作是否做的到位。如果反馈是积极的、正向的，说明激励对成员起到了良好的推动作用；如果成员对激励的回馈比较消极，觉得无所谓，甚至表达了不满意见，那就说明激励手段及激励方式、程度等出现了问题，团队负责人需要找出问题所在并及时调整，以免激励偏离了目标，让员工失望，或引起他们的反感。

5. 用美好的前景带给成员期望

没有什么比美好的前景更能带给人信心和动力的了，团队在激励成员时也可以采用各种手段，让他们看到企业宏伟的发展目标和光辉的前景。越是高层次的互联网人才就越重视企业的未来，因为企业不断发展壮大，事业蒸蒸日上，人才的自我实现就越有保证。团队拥有美好的前景，成员也能激发出事业心和使命感，他们愿意留在这样的团队中，充满热情地为实现自己和企业的共同目标而努力奋斗。与此同时，团队和企业在发展的过程中，也要注意满足成员的自我实现的渴望，不断给他们提供个人成长的机会，对他们进行培训、教育，提高他们的职业技能，开拓他们的视野，全面提升他们的个人价值和组织绩效，并为有能力者提供晋升的空间，使他们能够更加投入地奉献于团队。

6. 奖是激励，罚也是激励

激励不一定都是正面的肯定或表扬，有奖有罚才是最有效的激励方式。奖励得当，能够给优秀者以鼓励，调动他们的积极性，给其他成员做出榜样；惩罚得当，能够警醒落后者，鞭策他们消除不良行为，并让其他成员引以为戒。如果只对优秀者奖励，而不对落后者惩罚，就会让落后者缺少危机意识，而滋生一种得过且过的心态，这对于团队和成员个人的发展都是相当危险的。因此团队负责人要用好惩罚这种“负激励”手段，但要注意不要伤害被惩罚者的自尊心，并注意为被惩罚的成员疏导挫折心理，以免影响到他们的工作状态。

7. 工作本身也能产生激励作用

对于一名普通的运营人员来说，如果他认为自己从事的工作枯燥乏味、毫无乐趣，那么他在工作中就会缺少主动积极性，只会应付任务，做一天和尚撞一天钟。反之，如果成员觉得运营工作充满挑战性，很有乐趣，完成任务更会给自己带来巨大的成就感，他就会加倍努力地投入到工作中去，这就是工作本身带给人们的激励效果。在团队中，负责人不妨合理调整工作难度、复杂程度，丰富工作方式，以增加工作的挑战性，减少枯燥感。另外，可以试着与成员协商，让成员在内容运营、用户运营、数据分析等工作岗位之间调换，以培养成员多方面的能力，并帮助成员找到最适合自己的运营工作。此外，团队负责人可以鼓励成员在例会上积极发言，为产品运营献计献策等，凡此种种都能够提升成员工作的兴趣，大大增强他们的工作积极性。

当然，团队的激励手段和激励方法还有很多，负责人可以根据团队的实际情况，结合成员的实际需求，考虑每个成员的个体差异，使物质激励与精神激励有机结合，以达到比较理想的激励效果。